GAFA의
재무제표 클래스

앞서가는
투자자를 위한
GAFA의
재무제표 클래스

사이토 히로시 **지음** | **오시연** 옮김

미래의창

GAFA가 약진한 시대

1990년대 초반, 부동산 버블이 붕괴된 이후의 일본은 여전히 미국 GDP의 70%에 육박하는 수준이었다. 그러나 2020년 현재의 일본은 미국 GDP의 3분의 1에도 미치지 못하는 실정이다. 2000년대에 높은 경제성장률을 기록한 중국도 2010년에 일본을 제쳤고 지금은 무서운 기세로 미국을 추격하고 있다.

5쪽의 그래프를 봐도 알 수 있듯이 일본 경제는 90년대부터 정체 상태다. 반면 미국은 연평균 5%의 성장을 계속하고 있다.

왜 미국과 일본의 경제는 이렇게까지 격차가 벌어졌을까? 양쪽 다 선진국이지만 미국은 인구가 늘고 있는 데 비해 일본은 저출산 고령화로 인구 감소가 이어지고 있다는 점을 중요한 원인으로 들 수 있다. 경제는 수요와 공급이라는 두 축이 효율적으로 돌아가야 성장한다. 즉 인구 감소에 따라 수요가 감소하면 자연스럽게 공급이 감소하는 것이다. 이 순환구조가 지속되면 경제가 위축되는데 일본은 지금 바로 그런 상황에 직면해 있다.

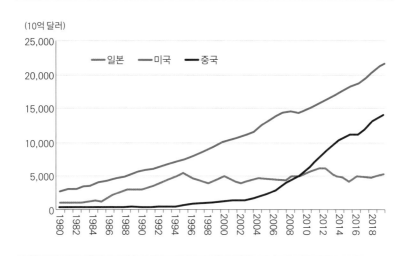

과거 40년간의 미일중 GDP 추이

(10억 달러)

참조 : IMF 데이터를 근거로 저자가 작성

GAFA와 일본 대기업의 시가총액 비교

6쪽의 표는 1989년과 2019년, 세계 주요 기업의 시가총액을 비교한 것이다(2019년 말 기준).

시가총액은 주가에 발행한 주식 수를 곱해서 산출하는데, 그 기업의 시장가치라고 생각하면 될 것 같다. 현재 시가총액 세계 순위에 오른 기업으로는 구글Google과 애플Apple, 페이스북Facebook, 아마존Amazon의 머리글자를 딴 GAFA와 마이크로소프트를 꼽는다(마이크로소프트를 추가해 GAFMA라고 부르기도 한다).

2018년 시점으로 Big 5의 시가총액을 전부 합치면 4.1조 달러에 달한다. 이 수치는 GDP 세계 4위인 독일의 GDP를 넘어서는 액수

1989년과 2019년의 세계 시가총액 상위 기업 비교

1989년 세계 시가총액 상위 기업				2019년 세계 시가총액 상위 기업			
순위	기업명	시가총액 (억 달러)	국가	순위	기업명	시가총액 (억 달러)	국가
1	NTT	1,638.6	일본	1	애플	13,047.6	미국
2	일본코교은행	715.9	일본	2	마이크로소프트	12,030.6	미국
3	스미토모은행	695.9	일본	3	알파벳	9,228.9	미국
4	후지은행	670.8	일본	4	아마존	9,161.5	미국
5	다이이치칸교 은행	660.9	일본	5	페이스북	5,853.2	미국
6	IBM	646.5	미국	6	알리바바그룹 홀딩스	5,690.1	중국
7	미쓰비시은행	592.7	일본	7	버크셔헤서웨이	5,536.9	미국
8	엑손모빌	549.2	미국	8	텐센트홀딩스	4,606.2	중국
9	도쿄전력	544.6	일본	9	JP모건	4,372.3	미국
10	로열더치셸	543.6	네덜란드	10	존슨앤존슨	3,839.1	미국

참조 : 1989년 미국 비즈니스위크(1989년 7월 17호)《THE BUSINESS WEEK GLOBAL1000》. 2019년 은 저자가 조사.

이며, 일본 GDP 5.0조 달러에도 머지않아 도달할 수 있는 수준이다. 1989년에서 2019년까지 30여 년간 기업가치는 몰라보게 바뀌었다.

이제 GAFA의 경쟁자는 일본 기업이 아닌 중국 IT 기업이 되었다. 예를 들어 순위에 있는 알리바바Alibaba나 텐센트Tencent, 순위 밖에서 는 바이두Baidu와 화웨이 등이 경쟁 상대로 인식된다.

이 점이 직접적인 원인은 아니겠지만 최근 도쿄대를 비롯해 일본의 명문대를 졸업한 학생들이 일본 기업이 아닌 GAFA에 지원서를 내는 일이 늘어나고 있다. 그들은 기업 실적에 민감하게 반응하기 때문에 자연스럽게 경쟁력이 있는 기업으로 모이는 것이다. 20년 전에는 다국적 금융업체나 컨설팅 기업에 취업한 사람이 많았지만 지난 10여 년간 취업 시장도 사정이 많이 변한 것이다.

자, 지난 30년간 세계 경제에는 무슨 일이 일어났을까?

그리고 GAFA는 어떻게 이렇게 강해졌을까?

이 책에서는 GAFA 외에 마이크로소프트, 넷플릭스 등의 재무제표를 분석해 다양한 측면에서 새로이 부상하는 각 기업들의 강점을 살펴보겠다.

재무제표 학습 혁명

'재무제표 읽는 법'은 어느 시대에나 관심을 끄는 주제다.

재무제표 내용을 읽을 수 있는 능력은 분야에 상관없이 모든 비즈니스맨의 커리어에 직간접적으로 영향을 미친다. 재무 지식은 마케팅, 조직, 경영, 전략과 같은 경영 전반에 관련된 비즈니스의 '공통 언어'라고 할 수 있다.

그런데 중요하다는 것을 알면서도 중간에 포기하는 사람이 한두 명이 아니다. 왜 그럴까?

"재무제표를 읽는 법은 알겠는데 도무지 재미가 없어요."

"매출이나 이익만 알면 되지 않나요? 굳이 깊이 공부할 필요가 있는지 모르겠네요."

이런 의견이 있는 모양이다. 물론 재무제표의 구조 자체는 세세하게 뜯어봐야 알 수 있는 것도 있다. 그래서 단조롭게 나열된 숫자들을 보면 피로감을 느끼는 것이 아닐까?

'매출이 크다 = 좋은 회사', '이익률이 낮다 = 나쁜 회사'라는 생각은 지나치게 단편적이다. 과연 이런 판단으로 기업을 바르게 평가할 수 있을까? 기업에는 다양한 업종과 비즈니스모델이 있고 시장 규모의 크기도 다르다.

그러므로 매출과 이익의 수치로만 그 업에 대해 평가하는 것은 현명하다고 할 수 없다.

기업은 은행이나 주주에게서 돈을 조달해 경영한다(부채와 자기자본). 조달한 돈을 자산(현금과 재고자산 등)과 비용(인건비, 마케팅 비용 등)에 배분해 매출과 이익을 낸다. 이런 일련의 사이클에는 각 기업이 지닌 특색이 분명히 드러난다.

예를 들어 GAFA 중 하나인 아마존은 현금흐름을 가장 중시하는 기업이다. 그러나 성숙기에 이른 기업 중 상당수는 이익과 이익률에 중점을 두는 경향이 있다. 또 수많은 벤처기업은 적자 해소보다는 매출액 증가를 목표로 삼는다. 이렇게 각각의 기업은 각기 다른 특색이 있다.

기업을 사람으로 치환해서 생각해 보면 출신 대학은 그 사람의 특징을 평가하는 기준 중 하나이긴 하지만 그것만으로는 전체적인 평가나 판단을 내릴 수 없다. 그 외의 기준도 고려해서 입체적이고 다면적으로 평가해야 한다.

기업도 마찬가지다. 매출과 이익 외에 여러 관점에서 재무제표를 읽을 수 있게 된다면 그 기업에 관한 많은 정보를 읽어내 정당한 평가를 할 수 있다.

물론 이제 막 공부를 시작한 사람들은 이런 의식 전환이 어렵고 힘들기 때문에 인내심이 필요하다. 그래서 독자 여러분이 관심을 가질 수 있도록 GAFA와 같이 일반인에게도 잘 알려진 기업을 예로 들었다. 마지막까지 호기심을 잃지 않고 재무제표 읽는 법에 도전했으면 한다.

책을 쓰게 된 배경

나는 예전에 골드만삭스 증권을 비롯해 여러 다국적 금융기관에서 트레이딩과 투자은행 업무 경험을 쌓았다. 그러나 경험을 살리는 차원에서 이 책을 쓰기로 정한 것은 아니다.

재무제표에 관한 책은 회계사나 컨설팅을 하는 사람이 출판하는 경우가 많다. 굳이 내가 재무제표 도서를 내는 의미와 가치를 알 수 없었다.

내 마음을 바꾼 것은 현재 교편을 잡은 매사추세츠 주립대학 MBA 수업에 참여한 학생들이었다. 그들은 낮에는 직장에서 열심히 일하고 잠자는 시간을 아껴서 비즈니스스쿨에 다니며 공부한다. 커리어를 쌓는 데 필요하다면 무엇이든 흡수하려는 적극성을 갖고 있는 사람들이다. 나는 그들에게서 내가 회계에 관한 책을 집필하는 의미와 가치를 발견했다.

즉 기존의 재무제표 관련 서적처럼 방대한 독자층을 대상으로 하지 않고, MBA를 공부하는 학생들이나 자신의 커리어 향상에 관심이 있거나 스타트업을 시작하려는 사람들에게 필요한 '재무제표 읽는 법'을 제공하고 싶었다. MBA 학생들의 피드백이 녹아 있는 '재무제표 읽는 법'을 다루자. 그것이 이 책의 강점이자 가치라고 생각해서 책을 쓰기로 했다.

물론 업무상 재무제표를 읽을 필요가 없는 사람도 있을 것이다. 그러나 '자신의 커리어를 업그레이드하고 싶다면' 재무제표를 읽는 능력이 확실히 도움이 될 것이다.

실제로 내가 가르치는 MBA 학생 중에는 재무제표를 전혀 이해하지 못하는 사람도 꽤 있었다. 하지만 그들 중에 재무제표를 배운 뒤로 업무의 폭을 넓혀 커리어에 변화가 생긴 사람도 많았다. 이렇게 말하는 나도 국제 재무제표를 이해하게 되면서 다국적기업에 제안서를 내고 로드쇼(IR 활동) 건에 동석하는 등 당시 '인기 있는' 업무를 하며 커리어를 쌓을 수 있었다.

이 책의 대상 독자는 다음과 같다.

- 자신이 투자하는 기업의 이익 구조와 펀더멘털을 알고 싶은 투자자
- 해외 첨단기업의 재무 및 전략을 자세히 알고 싶은 사람
- 다국적기업에서 일하거나 다국적기업으로 이직을 희망하는 사람
- 글로벌 컨설팅 업무에 종사하는 직장인이나 대학생
- 해외 비즈니스 진출을 계획하는 경영자

여러분의 커리어 향상과 비즈니스를 추진하는 데 이 책이 도움이 된다면 더 바랄 나위가 없겠다.

마지막으로 이 책을 집필하면서 매사추세츠 주립대학 MBA 강사인 시이나 노리오, 오마에 가즈, 가토 지아키에게 귀중한 조언을 받았다. 또 데이터 수집과 확인 작업에 도움을 준 모치즈키 아키라와 CPA 이토 가쓰유키, MBA 학생이자 좋은 동료인 우치다 게이스케, 다네이 히로키, 야마모토 슈헤이, 쓰카모토 게이스케, 스즈키 다쓰야, 와타나베 뎃페이, 요네다 가즈히로, 가와이 마유미, 사토 다케히로, 다키나미 유리코에게 다양한 아이디어와 피드백을 받았다. 또 이 책을 출간하는 데 협조해주신 간키출판의 요네다 가즈히로 씨에게도 진심으로 감사의 말씀을 드린다. 모든 분에게 감사드립니다.

Contents

3장 애플 vs 소니 · 97

1장

GAFA를 분석한다

세계 최강의 기업으로 우뚝 선 GAFA.
그들이 제공하는 제품과 서비스는 어떻게 사람들을 매료시키고 있을까?
GAFA의 압도적인 힘과 특징을 그래프와 수치를 이용해 7가지 측면에서 분석한다.
먼저 GAFA의 전체적인 모습부터 살펴보자.

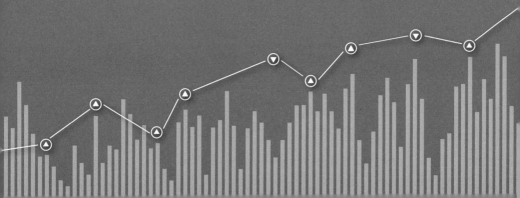

GAFA의
정체

서두에서도 소개했지만 GAFA라고 하면 알아듣지 못하는 사람도 구체적인 기업명을 들으면 고개를 끄덕인다. 그만큼 GAFA는 언론 매체에 자주 등장한다. GAFA는 다음 네 기업의 머리글자를 딴 약칭이다.

- Google(구글)

- Apple(애플)

- Facebook(페이스북)

- Amazone(아마존)

여러분도 최소한 한 번은 GAFA의 서비스를 이용한 적이 있을 것이다. 그렇다면 왜 사람들은 GAFA의 서비스에 열광할까?

다음은 스콧 갤러웨이Scott Galloway의 베스트셀러 《플랫폼 제국의 미래 – 구글, 아마존, 페이스북, 애플 그리고 새로운 승자The Four: The Hidden DNA of Amazon, Apple, Facebook, and Google》에서 발췌한 그림이다. 이 책에서 그는 인간의 감정을 토대로 GAFA가 사람들을 매료시킨 이유를 설명했다.

이 그림을 요약하면 다음과 같다.

스콧 갤러웨이가 분석하는 GAFA

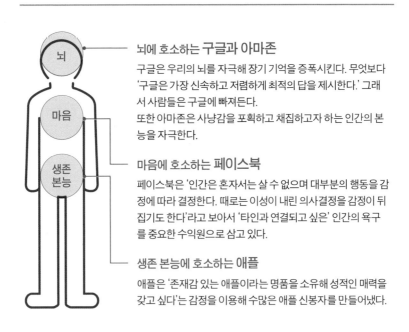

뇌에 호소하는 구글과 아마존

구글은 우리의 뇌를 자극해 장기 기억을 증폭시킨다. 무엇보다 '구글은 가장 신속하고 저렴하게 최적의 답을 제시한다.' 그래서 사람들은 구글에 빠져든다.
또한 아마존은 사냥감을 포획하고 채집하고자 하는 인간의 본능을 자극한다.

마음에 호소하는 페이스북

페이스북은 '인간은 혼자서는 살 수 없으며 대부분의 행동을 감정에 따라 결정한다. 때로는 이성이 내린 의사결정을 감정이 뒤집기도 한다'라고 보아서 '타인과 연결되고 싶은' 인간의 욕구를 중요한 수익원으로 삼고 있다.

생존 본능에 호소하는 애플

애플은 '존재감 있는 애플이라는 명품을 소유해 성적인 매력을 갖고 싶다'는 감정을 이용해 수많은 애플 신봉자를 만들어냈다.

참조 : 스콧 갤러웨이, 《플랫폼 제국의 미래 – 구글, 아마존, 페이스북, 애플 그리고 새로운 승자》

- 구글은 사람들의 '알고 싶다'는 지적 호기심을 자극하고,
- 애플은 사람들의 '명품을 소유하고 싶다'는 감정을 자극하고,
- 페이스북은 사람들의 '연결되고 싶다'는 고독함을 자극하고,
- 아마존은 사람들의 '원하는 것을 갖고 싶다'는 포획 본능을 자극한다.

네 기업 모두 최신 기술을 적용했지만 인간의 본능을 민감하게 의식한 비즈니스라는 점에서는 기존의 비즈니스와 별반 다르지 않다. 하지만 GAFA의 사업 내용을 잘 살펴보면 다른 기업들과 비교할 수 없는 '탁월함'이 보인다.

그러면 GAFA의 어떤 점이 탁월한지 살펴보자.

GAFA의
탁월함

여기에서는 GAFA의 탁월함을 키워드와 수치를 들어 설명하겠다.

탁월함 1 : 거대 플랫포머

GAFA를 이해하려면 먼저 플랫포머Platformer라는 용어를 이해해야 한다. 플랫포머의 어원인 플랫폼은 시스템이나 서비스의 토대 또는 기반을 뜻하는 단어이다. GAFA의 비즈니스가 우리 생활의 토대와 기반이 되었다고 해서 이들을 플랫포머라고 부르게 되었다.

우리가 잘 아는 마이크로소프트의 윈도OS를 예로 들어보자. 윈도가 세상에 등장하자 컴퓨터 제조업체들은 윈도를 탑재한 PC를 제조했다. 하지만 하드웨어(컴퓨터)만으로는 일반 이용자가 컴퓨터를 사용할 수 없었다. 그래서 소프트웨어업체가 윈도를 기반으로 한 소프트웨어를 제작해 판매하게 되었다.

윈도를 기반으로 한 소프트웨어를 쓰면서 편리하다고 느끼는 이용자가 늘어나자 비즈니스 시장이 확대되었다. 이용자가 증가하면 당연히 그 비즈니스에 편승하려는 기업이 후발 주자로 뛰어들기 때문이다. 그러면 이용자 편의성은 더욱 향상된다. 이런 선순환구조가 발생하는 것을 '네트워크 외부성network externality이 있다'고 하는데, 이 단계에 도달하면 제품과 서비스를 제공하는 기업이 시장을 독점할 수 있게 된다.

애플의 경우 아이폰iPhone이라는 기반에서 수많은 앱이 제공되므로 이용자가 편리하게 사용할 수 있다. 구글은 이용자가 구글로 검색하는 기반을 만들었다. 아마존은 이커머스EC, 전자상거래 사이트와 물류 기능 확충을 기반으로 이용자 편의성을 꾀했고 페이스북은 우리가 이용하는 웹상에서 소통의 장으로 자리 잡는 데 성공했다.

GAFA가 이토록 놀라운 성장 속도를 보일 수 있었던 것은 두 가지 사회적 배경이 변했기 때문이다.

하나는 우리가 제품과 서비스를 선택할 때 적용하는 기준이 변한 것이다. 사람들은 제품과 서비스 자체의 가치가 아니라 그 제품과 서비스를 사용해본 사람들의 평가나 체험을 보거나 듣고서 선택하게 되었다. 이용자들의 지지를 받으면 사용자 수가 증가하면서 그 제품과 서비스의 편의성과 가치가 한층 올라간다. 그러면 이용자 수가 더 늘어난다. 이런 식으로 단기간에 시장을 독점하는 수준에 도달하게 된다.

또 하나는 IT 기술이 발달함에 따라 정보가 전달되는 속도가 엄청나게 빨라졌다는 것이다. 우리는 다른 이용자의 존재와 행동을 전보다 더 빨리 알 수 있게 되었다. 예전에는 정보의 불확실성이라는 이유로 그 정보가 확산되기까지 다소 시간이 걸렸다. 신제품이나 새로운 서비스가 나오면 보수적인 성향의 사람들은 그 제품이나 서비스를 선뜻 구매하지 않았다. 그래서 제품과 서비스가 시장에 출시되어 잘 팔리게 되기까지는 어느 정도 시간이 걸렸다.

스탠퍼드대 사회학자인 에버렛 로저스Everett M. Rogers는 그의 저서 《혁신의 확산Diffusion of Innovation》에서 제품과 서비스가 시장에 출시된 뒤 판매되는 시간축을 기준으로 이용자를 5가지 유형으로 분류했다. 오른쪽 그림을 보면 완만한 흰색 산 모양 부분이 이 이론을 나타낸다. 그런데 이것은 정보 전달 속도가 느렸던 시대에 부합하는 모델이라 할 수 있다.

이 이론에는 현대 사회에서 일어난 'IT 기술 발전'이라는 요인이 반영되지 않았다. IT 기술이 발전하자 정보의 불확실성이 해소되었고 신제품을 선뜻 구매하지 않았던(또는 못했던) 시장참여자도 비교적 이른 시점에 제품과 서비스를 이용할 수 있게 되었다.

이 이론에는 그래프의 모양이 상어 지느러미와 모양이 닮았다고 해서 상어 지느러미 모델Shark Fin Model이라는 이름이 붙었다. 물론 혁신 이론이 적용되는 제품과 서비스도 여전히 많다. 그러나 테크놀로지가 사람들의 의사결정 시간을 단축한 것은 사실이다.

위와 같은 이유에서 시스템과 서비스의 토대(기초)를 제공하는 GAFA는 엄청난 속도로 플랫포머라는 존재가 되었다.

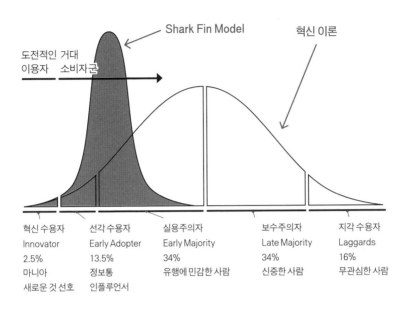

참조 : The Shark Fin Model, Accenture

탁월함 2 : 시장점유율

GAFA의 활동 영역(업계)은 모두 다르다. 따라서 시장점유율을 일괄적으로 비교할 수는 없지만 각 업계에서의 점유율을 분석하면 다음과 같다.

먼저 애플의 시장점유율부터 살펴보자.

세계시장에서의 스마트폰 판매 대수를 비교하면 삼성전자가 20%이며 애플은 13%(2018년 IDC 조사)로 애플이 더 적다. 그러나 애플의 이익은 전 세계 스마트폰 시장의 60~90%를 차지한다(2018년, Counterpoint 조사). 이 점에서 **아이폰의 이익률이 상당히 높다**는 것을 알 수 있다.

스마트폰의 세계 시장점유율 (2018년)

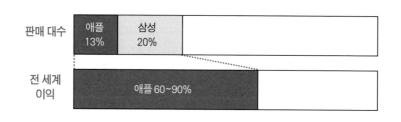

참조 : Counterpoint와 ICD 자료

이번에는 **구글의 시장점유율**을 살펴보자.

2018년에 20주년을 맞이한 구글은 지난 20년간 혁신에 혁신을 거듭해 세계 검색엔진 시장의 90%를 넘는 초거대 기업이 되었다.

구글의 창업자인 래리 페이지와 세르게이 브린이 개발한 이 고속 검색엔진은 2000년, 야후 포털사이트에 채택되면서 확고한 위치에 올랐다. 이 기술에 의해 전 세계의 정보가 한곳에 모였고 이용자가 키워드를 입력하면 단시간에 최적의 '답'을 구할 수 있게 되었다. 이것이야말로 구글이 시장의 최강자로 등극한 요인일 것이다.

	구글 Goole	빙 bing	야후 Yahoo!	바이두 Baidu	얀덱스* YANDEX RU
시장점유율 (%)	92.95	2.31	1.6	0.85	0.55

참조 : StarCounter를 참조해 필자가 작성

다음으로 아마존의 시장점유율이다.

아마존의 주된 활동 분야는 이커머스(전자상거래)다. 즉 인터넷 사이트에서 얼마나 많은 거래가 이루어지느냐가 운용 성과를 좌우한다.

전자상거래를 늘리려면 당연히 이용자(소비자)가 무엇을 원하는지 파악해야 한다. 시장 조사 기관인 디지털커머스360Digital Commerce 360(구 Internet Retailer)과 비즈레이트 인사이트BizRate Insights가 2019년에 실시한 설문조사(4,642명의 온라인쇼핑 이용자가 응답) 결과에 따르면, '2019년, 온라인쇼핑을 할 때 자신의 소비 패턴이 어떻게 바뀌었는가?'라는 질문에 29%가 '쇼핑을 할 때는 대부분 아마존을 이용한다'라고 대답했다.

디지털커머스360은 1년 전에도 같은 내용의 설문조사를 했는데, 그때도 아마존이 2018년 미국 온라인 소매 판매의 약 36.8%를 차지한다고 발표했다. 다시 말해 미국의 소비자가 온라인쇼핑에서 1달러를 썼다면 아마존으로 약 37센트나 흘러갔다는 말이다. 아마존의 시

● 바이두는 중국, 얀덱스는 러시아의 포털사이트이다.

장점유율이 상당하다는 것을 알 수 있다.

이 수치는 수많은 온라인쇼핑이 난립하는 가운데 '아마존이 얼마나 강력한 힘을 가졌는지' 여실히 보여준다.

마지막으로 페이스북의 시장점유율을 살펴보겠다.

뒤에 페이스북의 비즈니스모델에 관해 이야기하겠지만 페이스북의 주된 수입원은 '광고'다. 그러므로 이용자 수를 늘리는 것이 가장 중요하다. 하지만 등록자 수만 많고 실제로 사용하는 사람이 적으면 광고 효과에 한계가 있기 마련이다. 따라서 그 사이트에 실제로 접속하는 일일 실이용자daily active user, DAU와 월간 실이용자monthly active user, MAU가 얼마나 많은지가 중요하다.

실이용자 추이는 재무제표인 〈10K〉의 〈사용자 계량적 분석 변화 추이Trends in Our User Metrics〉에서 발표한 내용을 참조했다. 10K란 미국 기업이 매년 제출하는 연간 보고서를 말하며 한국의 유가증권보고서와 같다. 여기서는 월간 실이용자MAU를 기준으로 분석했다. 그러자 전 세계 SNS 순위에서 페이스북이 확고하게 1위를 차지한 것으로 나타났다(그림 참조).

24억 1,000만 명의 실이용자가 존재한다는 것은 전 세계 인구인 70억 명 중 약 30%(3명 중 1명꼴)가 한 달에 한 번은 페이스북에 접속한다는 의미이다. 정말 대단한 수치다.

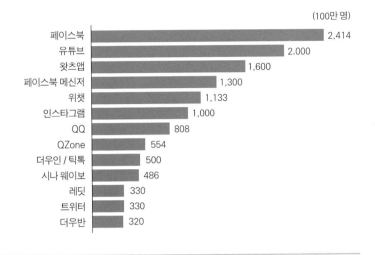

(100만 명)

페이스북	2,414
유튜브	2,000
왓츠앱	1,600
페이스북 메신저	1,300
위챗	1,133
인스타그램	1,000
QQ	808
QZone	554
더우인 / 틱톡	500
시나 웨이보	486
레딧	330
트위터	330
더우반	320

참조 : Satista 웹사이트

탁월함 3 : 시가총액

서문에서도 언급했지만, 다시 한번 GAFA의 시가총액을 살펴보자. 시가총액Market Cap은 기업가치를 나타내는 지표 중 하나다. 물론 시가총액만으로 기업의 진정한 실력을 측정할 수는 없지만, 시가총액이 그 기업에 대해 투자자가 품고 있는 기대치(평가)라는 점을 생각하면 결코 무시할 수 없는 수치다.

GAFA를 비롯해 주요 일본 기업과 중국 기업의 시가총액을 비교하면 위의 그래프와 같다. 2019년 말, 사우디아라비아의 국영 석유

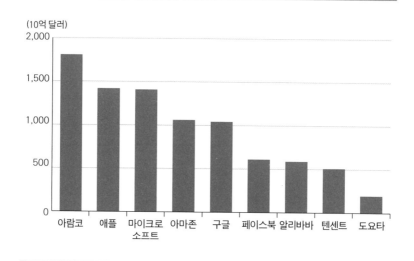

참조 : 각 기업의 재무제표

회사인 아람코가 상장해 애플을 제치고 시가총액 1위에 등극했다.°
일본의 도요타 자동차는 2020년 2월, 41위에 올라 있으니 상당한
격차를 느낄 수 있다.

탁월함 4 : 매출액

우리는 기업의 실적을 분석할 때 대체로 '이익이 얼마인가?'를 기

● 2020년 8월 1일, 애플의 주가는 10.47% 급등해 시가총액 1조 8,400억 달러(약
 2,191조 원)를 기록했으며 아람코는 1조 7,600억 달러(약 2,096조 원)를 기록했다.
 이로써 애플은 8개월 만에 세계 시총 1위를 탈환했다.

준으로 삼는다. 최근에는 '매출액Revenue이 얼마인가'도 기업경영을 분석할 때의 중요한 지표가 되었다. 매출 규모가 크면 네트워크 외부성이 작동해 업계 1위를 차지할 가능성이 커지기 때문이다.

실제로 미국의 주요 주식지표지수인 S&P500에 포함된 500개 기업의 매출 변화를 1990년대부터 추적해보면 매출액이 상승했음을 알 수 있다.

다음은 2018년말 기준 GAFA를 비롯한 대표적인 기업의 매출액이다.

애플과 아마존이 엎치락뒤치락하는 양상을 보이면서 2018년까지는 애플이 우세했다. 그러다가 2019년에 아마존이 애플을 제쳤다.

세계 매출 1위는 월마트(약 5,003억 달러)다. 그래프상에는 도요타

매출액 (2018년)

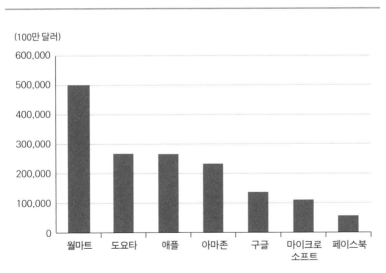

참조 : 각 기업의 재무제표

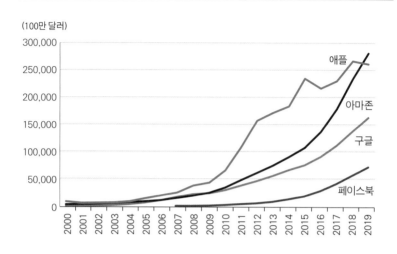

(100만 달러)

참조 : 각 기업의 재무제표

가 그다음으로 나오지만 이것은 편의상 몇몇 기업을 제외했기 때문
이며 도요타가 세계 2위의 매출액을 기록했다는 뜻은 아니다. 예를
들어 페트로차이나의 모회사이자 아시아 최대 석유천연가스 생산업
체인 중국석유천연가스공사CNP와 시노펙(중국석유화학공사) 등 중국
의 국영기업은 대단히 큰 규모의 매출액을 기록했다.

GAFA의 매출액은 월마트 등에 비하면 아직 적은 편이다. 그러나
'증가 추세'를 보면 눈이 휘둥그레진다. 위의 그래프를 보자.

애플의 매출액 증가도 엄청나지만 아마존과 구글은 애플을 능가
하는 기세로 상승하고 있다.

탁월함 5 : 영업이익

최근에는 매출액도 주목받고 있지만 더 중요한 것은 역시 이익이다. GAFA도 처음부터 'IT의 거인'이었던 것은 아니며 스타트업이었던 시기가 있었다. 상장 후에는 지속적 성장이 요구되었다. 당연한 말이지만 투자자는 아무리 신생 기업이라도 이익이 나지 않는 기업이나 미래 이익이 예측되지 않는 기업에는 돈을 투자하지 않는다. 상장과 많은 매출로 화제가 되었더라도 이익이 나지 않으면 투자자의 눈길은 재빨리 다른 기업으로 옮겨 간다. 주가 하락은 당연한 수순이다.

다음은 GAFA와 마이크로소프트, 도요타의 2018년도 영업이익

GAFA+α의 영업이익과 순이익 비교 (2018년도)

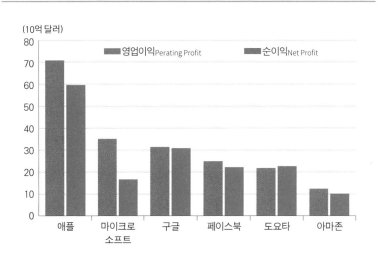

참조 : 각 기업의 재무제표를 근거로 저자가 작성

Operating Profit과 순이익Net Income을 비교한 그래프이다.

이것을 보면 애플이 타사와는 차원이 다른 영업이익과 순이익을 내고 있음을 알 수 있다.

이야기가 좀 빗나가지만, 스타트업은 종종 상장과 동시에 경영방식이 변했다는 이야기를 듣곤 하는데 경영방식은 상장과 동시에 '바꿔야만 하는' 것이다. 종종 상장한 뒤 창업 멤버가 회사를 떠나는 것은 그런 이유 때문이기도 하다.

GAFA도 그 흐름을 거스를 수는 없다. 단 아마존의 창업자 제프 베조스Jeff Bezos만은 상장 이후에도 독자적인 경영 기법을 관철하는 매우 드문 경우다.

탁월함 6 : 인수합병 규모

M&AMergers & Acquisitions는 기업 인수합병을 뜻한다. 기업을 통째로 사들여 인수된 기업이 보유한 최신 기술이나 우수한 인력을 흡수해 사업 개발에 속도를 내는 것이 목적이다.

"최대한 빨리 성장하라Get big fast."

이것을 Get big fast 전략GBF strategy이라고 한다.

예를 들어 미래의 기대수익을 내걸고 벤처캐피탈을 상대로 많은 자금을 조달한 뒤 단숨에 시장을 독점하는 비즈니스를 한다. 또는 타사가 추종할 수 없는 저가 정책으로 서비스를 제공해 시장을 선점하거나 기업을 인수해서 타사를 아군으로 만든다.

그러면 소비자가 이용하는 제품과 서비스가 한 기업에 집중하게 되므로 네트워크 외부성이 발생하고 최종적으로 승자독식Winner takes all이 이루어진다.

GAFA는 수많은 기업을 인수하며 덩치를 키웠다. 그 기업 중 상당수는 벤처기업이다. GAFA는 그들을 (비교적) 저렴하게 인수함으로써 자신의 성장 드라이브로 삼았다. 그러나 시장에 우수한 벤처기업이 존재하지 않으면 인수할 수도 없다. 즉 GAFA가 가파르게 성장한 배경에는 우수한 벤처기업들이 자랄 수 있는 미국의 토양이 존재한다.

스타트업을 세운 이들 중 상당수가 GAFA와 같은 거대 IT 기업에 인수되기를 원한다. 수차례 기업을 설립해서 대기업에게 인수되는 행위를 되풀이하는 연쇄 창업가Serial Entrepreneurs도 많이 있다. 이런 스타트업 생태계가 미국의 창업가를 육성하고 그것이 GAFA의 성장을 뒷받침한다고 생각할 수 있다.

38쪽 표는 GAFA의 M&A 리스트다.

이 표를 보면 구글이 인수합병한 기업의 수가 특히 두드러진다. 다른 3사의 M&A 건수도 상당히 많지만 구글의 M&A 건수는 그 건들이 묻혀버릴 정도로 많다. 또 구글, 애플, 아마존의 M&A 역사는 약 20년이지만 페이스북은 그보다 짧은 15년간 무려 240억 달러를 투입해 적극적으로 기업 인수합병을 하고 있다.

IT와의 높은 친화성이 무기인 GAFA는 기업 핵심역량core compe-tence을 강화하기 위해 경영자원을 집중시켜 디지털 전환digital trans-

		구글	애플	페이스북	아마존
		2001년 2월 ~2019년 12월	1998년 3월 ~2019년 9월	2005년 8월 ~2019년 12월	1998년 2월 ~2018년 9월
투자 건수	매수기업의 총수	231사	105사	82사	101사
	주요 매수기업	모토롤라 (125억 달러) 더블클릭 (31억 달러) 유튜브 (17억 달러) 안드로이 (5,000만 달러)	비츠 일렉트로닉스 (30억 달러) Intel's smartphone modem business (10억 달러)	인스타그램 (10억 달러) 왓츠앱 (190억 달러) 오큘러스 VR (20억 달러)	홀푸드 (137억 달러) 링 (12억 달러) 자포스 (12억 달러)
투자금	매수금액 (매수 판명)	322억 달러 (53건)	89억 달러 (38건)	243억 달러 (25건)	238억 달러 (36건)

참조 : 위키피디아와 기타 자료를 근거로 저자가 작성

formation, 기업가치를 향상시키는 디지털 혁신의 선구자로 시장을 장악했다. 예를 들어 AI와 사물인터넷Internet of Things, IoT 등의 최첨단기술을 구사해 정보 서비스를 고객에게 제공하는 리더가 되었다.

탁월함 7 : 연구개발비

연구개발비Research & Development는 주로 새로운 기술을 개발하기 위해 쓰이는 비용을 가리키며 제조·판매와 같은 정도로 중요시되는 요소다.

연구개발은 미래 예측을 전제한 행위이므로 이익과 연동되지 않을

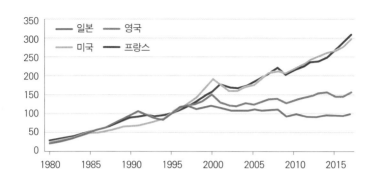

참조 : OECD Stat을 근거로 작성

수도 있다. 최악의 경우 비용만 들고 허사로 끝나는 일도 있다. 그러나 기업이 성장하려면 연구개발이 반드시 필요하다. 연구개발비 삭감은 장기적으로 보면 성장을 저해하는 요인으로 작용한다. 실은 일본 기업이 GAFA에게 추월당한 이유는 ICT(정보통신기술)에 대한 투자액의 차이에 있다고 볼 수도 있다.

위 그래프는 일본총무성의 〈2019년판 정보통신백서 개요(도미오카 히데요富岡秀夫 지음)〉에서 발췌했다. 지난 30년간의 ICT 투자금액을 주요국과 비교한 경우, 일본은 1990년대와 거의 다를 바 없는 수준으로 투자한 정황이 드러난다.

40쪽 그림은 세계 기업의 연구개발비를 그래프화한 것이다.

GAFA와 마이크로소프트는 연구개발비에서도 높은 수치를 기록하고 있다.

참고로 최근의 미국 IT업계에는 R&D를 더욱 발전시킨

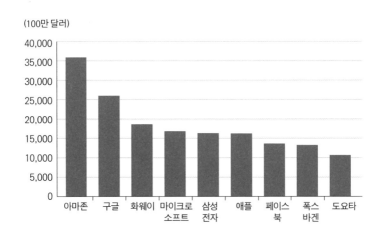

R&D 연구개발비 (2019년)

(100만 달러)

참조 : 각 기업의 재무제표를 근거로 저자가 작성

A&DAcquisition & Development•라는 기법이 주류로 자리했다.

M&A는 기업 규모와 상관없이 인수합병에 의한 시너지 효과를 기대하는 것이다. 예를 들어 유통망이나 특허, 기존 고객 등을 흡수해 더 큰 성과를 낳기 위한 광의의 인수다.

한편 A&D는 개발에 축을 둔 협의의 기업 인수를 뜻한다. 즉 자사가 보유하지 않은 기술을 가진 기업을 인수하는 것이다. 앞으로 성장하기 위해 필요한 기술을 보유한 기업을 R&D 단계에서 인수해 자사의 R&D로 받아들여서 자사에서 키우는 것이다.

● 상장된 저성장업체를 인수하여 고성장업체로 바꾸는 기업인수 방식. 인수 후 개발이라고도 한다.

이 A&D의 대표주자가 IT 네트워크 장비 개발사인 시스코다. 시스코는 1993년의 크레센드 커뮤니케이션Crescend Communications을 비롯해 200개 가까운 기업을 인수해왔다.

사실 말이 쉽지 합병 후 통합Post-Merger Integration, PMI은 조직 내에서 상당히 많은 조율을 거쳐야 한다. 그 결과 인수에 실패하는 경우도 상당하다. 이런 점을 고려해 시스코는 기업 내에 인수 전문 신사업개발팀Business Development Team을 설치해 A&D를 성공시키며 지속적으로 성장하고 있다.

GAFA의
비즈니스 영역

지금까지 GAFA의 일곱 가지 탁월함에 관해 살펴봤다.

이제 재무제표를 읽는 법을 알아본 뒤(2장) GAFA와 GAFA와 유사한 서비스를 제공하는 일본 기업의 재무제표를 보면서 비교 분석하겠다(3~6장). 그러기 위해 각 기업의 사업 영역을 정해 그에 적합한 기업을 선별해 비교했다.

GAFA는 공통된 점도 있지만 각 비즈니스 영역이 다르다. 43쪽 그림은 경영학자이자 히토쓰바시대학교 대학원 국제기업전략연구과 교수인 구스노키 겐楠木建이 고안한 제품과 인프라, 현실과 가상이라는 2가지 축으로 나눈 기업별 포지셔닝이다.

사물을 주로 판매하는 애플은 소비자에게 눈에 보이는 제품을 판매한다. 즉 현실 x 제품을 중심축으로 한다.

아마존도 현실의 사물을 판매하지만 애플이 아이폰을 판매하듯이 '아마존의 제품'을 판매하는 것은 아니다. 어느 쪽인가 하면 이용자에게 서비스를 제공하거나 물류·편의성을 향상하는 등 소매업 주변에 관련된 인프라로 차별화를 꾀한다. 다시 말해 아마존은 현실 × 인프라를 축으로 한 사업이다.

한편 가상의 시장을 점유한 것이 구글과 페이스북이다. 페이스북은 사람들의 커뮤니케이션을 페이스북이나 인스타그램이라는 '페이스북 장비'를 통해 이용자에게 제공하는 가상 × 제품을 축으로 했다. 얼핏 보기에 구글은 '구글 크롬'이나 '지메일', '유튜브' 등이 있으니 제품형이라 생각할지도 모른다. 그러나 실제로 구글은 그 제품을 제공해서 사람들과의 접점을 늘림으로써 생활 인프라를 장악하는 가상 × 인프라형에 해당한다.

GAFA의 비즈니스 영역

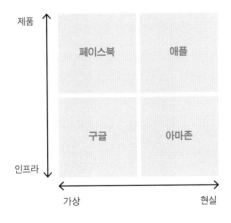

참조 : 《철저 연구! GAFA》

이렇게 GAFA를 4가지 카테고리로 분류한 뒤 매출 구성비를 정리한 것이 아래 그림이다.

내용을 보면 각 기업의 특색이 잘 드러나는 것을 알 수 있다.

우리가 쉽게 떠올릴 수 있는 것은 '현실' 제품을 다루는 애플과 아마존이다. 애플은 아이폰이나 맥이라는 '제품', 아마존은 '이커머스 판매' 등 눈에 보이는 사업을 하므로 이해하기 어렵지 않다. 그런데 페이스북과 구글처럼 '가상'을 다루는 비즈니스에는 '광고' 수익이 압도적으로 많다.

GAFA의 매출수익은 왜 이런 식으로 구성될까?

이 점은 그들의 비즈니스모델을 이해하면 자연히 알 수 있을 것이다. 이때 단서가 되는 것이 재무제표다.

GAFA의 매출 구성 (2018년)

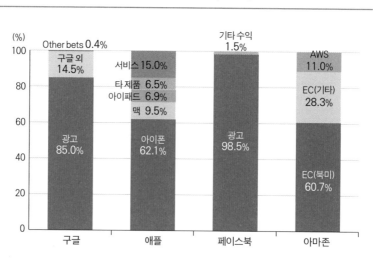

참조 : 각사의 재무제표(10K)를 근거로 저자가 작성

GAFA vs
유사기업

3장부터는 GAFA와 대표적인 일본 기업을 다음 순으로 비교 분석하겠다. 창업 시기가 빠른 순서부터 나열했다.

애플 vs 소니SONY

아마존 vs 라쿠텐樂天

구글 vs 야후 재팬Yahoo! Japan

페이스북 vs 라인LINE

현실 × 제품 카테고리에 속하는 애플의 비교 대상 기업으로는 소니를 선택했다.

아마존은 현실 × 인프라형이다. 유사한 비즈니스를 하는 일본 기업은 라쿠텐을 들 수 있다.

구글은 가상 × 인프라에 해당하므로 유사한 형태의 비즈니스를 하는 야후 재팬을 선택했다.

페이스북은 가상 × 제품으로 같은 SNS라면 라인이 적절하다고 판단했다.

7장 이후에는 GAFA와 어깨를 나란히 하는 마이크로소프트와 넷플릭스를 분석한다. 마이크로소프트와 넷플릭스의 경우 유사한 일본 기업을 찾을 수 없었으므로 단독으로 분석하겠다.

2장

재무제표를 읽는 방법

기업경영이 원활하게 이루어지는지 판단하려면 어떤 점을 주시해야 할까? 아마도 '매출액이 증가하고 있는가', '부채보다 자산이 많은가', '사업이 안정적으로 진행되고 있는가'와 같은 부분일 것이다. 전문가가 기업경영에 관해 분석할 때도 이 3가지를 주로 본다. 이것은 재무상태표와 손익계산서, 현금흐름표로 구성된 재무제표를 통해 분석할 수 있다.

본편에 들어가기 전에 3가지 재무제표의 역할에 대해 배우고 퀴즈를 풀어보자.

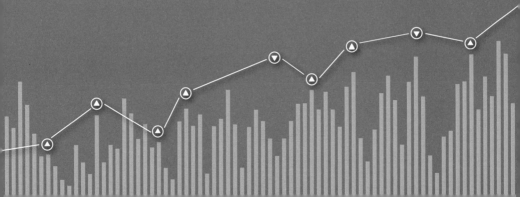

재무제표를 읽기 전에
알아둘 점

사람들은 흔히 '재무제표는 어렵다'라고 생각한다. 무리도 아니다. 금융기관에서 종사하는 나조차도 예전에는 재무제표에 거부감을 느꼈다. 그런 인식은 차츰 사라졌지만 그것은 재무제표를 완벽하게 이해할 수 있었기 때문이 아니다. 재무제표의 내용 중 중요한 부분만 집중적으로 읽게 되었기 때문이다.

사람들은 금융업계에 종사한다고 하면 재무제표를 완벽하게 꿰고 있을 거라는 선입견을 품는데 꼭 그렇지만은 않다. 금융업계에는 영업, 애널리스트, 트레이더, 뱅커 등 다양한 직종이 있다. 항상 여러 기업(최소한 10사 이상)의 경영 상황과 재무제표 정보를 추적할 필요가 있기 때문에 특별한 이유가 없다면 한 기업을 조사하는 데 많은 시간을 할애할 수 없다. 오히려 '얼마나 적은 시간에 기업의 경영 상황을 재무제표에서 정확하게 뽑아낼 수 있는가?'가 관건이다.

평소에 재무제표를 접할 일이 없는 사람이라면 되도록 단시간에 재무제표 읽는 법을 습득하고 싶을 것이다. 단시간에 압축해서 학습하는 것이 목표인 이상, 재무제표를 '열심히 구석구석' 공부할 필요가 없다. 이유는 간단하다. 아무리 '앞으로는 재무제표를 읽을 수 있어야 한다!'거나 '재무제표를 읽어야 글로벌 인재가 될 수 있다'라고 해도 배움에 관한 의욕이 지속되지 않으면 도중에 포기하게 되기 때문이다.

재무제표를 공부해보겠다는 목적만 갖고 공부를 시작하면 재미도 없고 동기부여도 되지 않아 좌절하는 사람들이 상당히 많다.

만약 공인회계사 자격증에 도전한다면 시험에 의욕이 솟지 않아도 합격하기 위해 끝까지 노력할 것이다. 하지만 일반적으로는 재무제표를 공부해보겠다는 것에 의의를 둔다. 재무제표를 읽음으로써 얻을 수 있는 '그다음'이 보이지 않는 모양이다. '그다음'을 다른 말로 바꾸면 '기업의 경영 상황'이다. 경영 상황(재무제표의 정보라고 바꿔 말해도 좋다)은 예를 들어 과거에서 현재에 이르는 수익성과 재무 안전성, 향후 전망 등을 가리킨다.

기업의 경영 상황은 시시각각 변화하므로 좋을 때도 있고 나쁠 때도 있다. 당신이 투자자라면 자신의 투자 실적을 좌우하기 때문에 그 기업의 경영 상황에 관심이 생길 것이다. 또 당신이 기업 경영자라면 자사의 전략을 좌우하기 때문에 자신의 회사뿐 아니라 경쟁사의 경영 상황을 모니터링하게 될 것이다.

이렇게 자사와 타사가 그리는 '경영 스토리를 알고 싶다'는 목적이 있다면 재무제표라는 도구에 관해 공부하고 싶다는 동기부여가 생긴다. 이런 목적을 갖고 학습한 사람 중 상당수가 재무제표를 읽는 것이 재미있어졌다고 말했다.

즉 사람들에게 '재무제표를 읽는' 것은 도구(수단)가 되어야 하며 본래의 목적을 염두에 두면서 공부해야 한다. 이 책을 통해 일반 직장인, 투자자, 영업사원, 경영자 등의 독자가 '무엇을 할 수 있을까?'라는 목표나 목적을 머릿속으로 그릴 수 있기를 바라며 이 책을 썼다.

여담이지만 나는 평소 기업 직원들을 대상으로 영어 프레젠테이션을 가르치고 있다. 그런데 상당수 기업과 학교에서는 잘못된 영어 교육을 한다는 생각을 하곤 한다. 영어는 글로벌 비즈니스를 할 때 소통하기 위한 도구가 되어야 하는데 사람들은 종종 시험 점수 자체에만 큰 의미를 부여한다. 영어, 즉 도구(수단)가 목적이 된 상황인 것이다. 이는 학습에 동기부여를 해주기는커녕 역효과를 일으킨다. 재무제표를 공부하는 것도 영어 공부와 마찬가지로 수단으로 삼아야 하는 것이지 목적이 되어서는 안 된다.

재무제표를 이해하기 힘든 사람은 '기업이 수익을 내는 비즈니스 모델'을 파악한다는 목적으로 재무제표를 읽어보기 바란다. 분명히 학습 동기가 변할 것이다.

Q 사업 영역별 매출 퀴즈

도큐전철이 가장 많은 돈을 버는 사업은 어떤 것일까?

당신이 투자자라고 가정해보자. 자기 돈이 들어가는 일이니 경영이 불안정한 기업에 투자하지는 않을 것이다. 그런데 TV 광고 때문인지 '기업 이미지는 곧 그 기업의 주요 사업'이라는 선입견을 품고 잘못된 판단을 하는 경우가 종종 있다. 그 생각이 맞을 때도 있지만 틀린 경우도 왕왕 있기 때문이다. 그런 방식의 투자는 정확한 경영 상황을 파악하지 않고 어림짐작으로 투자하는 것과 같다.

여기서 여러분이 선입견 없이 기업의 실태를 파악하고 있는지 확인하는 퀴즈를 내보겠다. 첫 번째 퀴즈는 기업이 경영하는 사업 영역 segment에 관한 문제다.

요즘 대기업은 여러 사업 분야에 진출한 경우가 많다. 풍부한 자금을 활용해 가능성 있는 신규 사업을 여러 개 추진하거나 투자하고 있는 것은 익히 알려진 사실이다. 그렇지만 구체적으로 기업이 어떤 사업을 하고 있는지에 대해서는 잘 모르는 사람이 훨씬 많다.

기업이 어떤 사업을 하고 있는가?
본업과 그 밖의 성과는 무엇인가?

재무제표는 이런 질문에 답을 해준다. 재무제표를 분석해보면, 여러분이 생각하는 그 기업의 본업이 실은 돈을 벌어주는 사업이 아닌 경우가 꽤 많다. 여기서는 사업 영역별로 나눠서 그 기업이 어떤 사업으로 돈을 버는지 분석해보겠다.

일본 기업 도큐전철(도쿄급행전철)에 대해 여러분은 어떤 사업을 하는 기업이란 이미지를 갖고 있을까? 철도 사업 외에도 토지를 많이 보유하고 있으므로 부동산 사업을 떠올릴 수 있다. 또 도큐백화점이나 시부야에 있는 109 쇼핑몰 같은 생활용품 판매업도 생각할 수 있다.

다른 철도사도 이렇게 사업 다각화를 추진해 매력적인 노선을 만든 다음 사람들이 그 지역에 상주하게끔 하는 전략을 펼치고 있다. 그렇게 해서 주민이 늘어나면 생활에 필요한 생활기반 사업이 필요해지기 때문에 이와 관련한 사업을 더욱 확장할 수 있다. 철도 회사를 분석하면 이렇게 각 사업이 서로 좋은 영향을 미치는 **상승 효과** Synergy effect를 관찰할 수 있다.

이제 문제를 보자.

54쪽의 그래프를 보고 도큐전철이 가장 높은 영업수익(703,183/100만 엔)을 내는 사업은 무엇인지 답해보자(상당수 철도 회사는 매출액이 아닌 영업수익으로 표기한다).

선택지는 다음과 같다.

- 철도 사업 (교통 사업)
- 부동산 사업
- 생활 서비스 사업
- 호텔 리조트 사업

다음 그래프의 항목 중 어느 사업이 가장 높은 영업수익을 올리고 있을까?

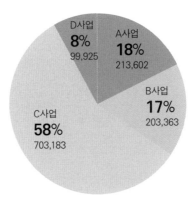

D사업
8%
99,925

A사업
18%
213,602

B사업
17%
203,363

C사업
58%
703,183

(100만 엔)

참조 : 도큐급행전철의 유가증권보고서(2018)를 근거로 저자가 작성

　도큐전철은 철도 회사이니까 당연히 주된 수익원이 철도 사업일 것이라고 생각할 것이다. 혹은 넓은 토지를 보유하고 있으니 부동산 사업이 더 비중을 차지할 것으로 생각할 수도 있다. 여러분은 어떤 답을 골랐을까?

　먼저 정답부터 이야기하겠다. 도큐전철에서 가장 높은 영업수익을 내는 것은 **생활 서비스 사업**이다. 도큐전철의 재무제표를 보면, 이 사업은 영업수익 전체의 57.6%를 차지하고 있으며 철도 사업은 18%에 불과하다.

　그러나 이 생활 서비스 사업을 영업이익 베이스로 생각하면 전체 영업이익의 21%밖에 되지 않는다(아래 표). 영업수익에서는 높은 비율을 차지하지만 영업이익 비율이 낮다는 것은 인건비 등의 판관비가 다른 사업보다 더 많이 들기 때문일 것이다.

도큐전철의 사업별 이익

	2018년도 영업이익(100만 엔)	이익률
A : 교통 사업	29,085	36%
B : 부동산 사업	31,981	39%
C : 생활 서비스 사업	17,139	21%
D : 호텔 리조트 사업	3,080	4%

참조 : 도큐급행전철의 유가증권보고서(2018)를 근거로 저자가 작성

'철도 회사의 이익이 왜 이렇게 높지?' 하고 놀라는 사람도 있을 것이다. 원래 철도 사업은 공공성이 크다는 이유로 철도사업법에 의해 엄격한 운임 규제가 이뤄지기 때문에 높은 이익률을 얻을 수 없다. 그래서 사람들이 많이 이용하게 해서 평균 운송단가를 낮추는 식으로 이익률을 높이는 방식을 취한다.

자, 과연 몇 명이나 정답을 맞혔을까? 선입견에 휘둘려 틀린 답을 고른 사람들이 꽤 있지 않을까? 이런 함정에 빠지지 않으려면 기업 경영분석을 할 때 재무제표를 참조하는 것이 매우 중요하다.

재무제표 학습의 기본과
결산 퀴즈에 도전하자

재무제표Financial Statements는 기업의 회계 연도가 끝나는 때 결산 보고를 하기 위해 작성하는 여러 가지 회계 보고서를 말한다.

재무제표를 통해 GAFA의 강점을 파악하려면 국제회계기준IFRS이나 미국회계기준US-GAAP을 채택한 재무제표를 해석할 수 있어야 한다.

이 책에서 다루는 재무제표는 3가지이며 주로 기업이 투자자에게 경영 상태를 공개하기 위해 작성한 것이다. 또 공개 용도에 따라 보고서의 양식이 다르다(자세한 내용은 310쪽의 표를 참조하자). 그러면 3가지 재무제표를 자세히 살펴보기로 하자.

재무제표 ⎰ 재무상태표
         Balance Sheets

         손익계산서   ⎱ 이 책에서 다루는
         Income Statements   3가지 재무제표

         현금흐름표
         Cash Flow Statements

         포괄손익계산서
         Statement of Comprehensive Income

         자본변동표
         Statements of Stakeholder's Equity

         주석

재무상태표 Balance Sheets

재무상태표는 58쪽 그림처럼 5가지 영역으로 분류된다. 좌우 항목으로 구분되는데 우측에 있는 조달 항목이 '어떻게 돈을 조달했는가'에 관한 항목이다. 조달한 자금을 상환할 의무가 있을 때는 부채로 취급한다. 예를 들어 은행에서 돈을 빌리면 부채가 된다. 상환 의무가 없을 때는 자기자본으로 취급한다. 주주에게서 조달한 돈은 자기자본이다.

기업은 조달한 자금을 이용해 사업을 운영한다. 재무상태표의 좌측 운용 항목은 '조달한 돈을 무엇에 썼는가'를 나타낸다. 예를 들어 제품을 판매하기 위해 상품을 구매했다면 재고자산에 돈이 들어간 것이다. 또 제품을 만들기 위해 공장을 지었다면 건설비 항목에 돈을 쓴

것이다. 여유자금이 있으면 조달자금을 증권투자에 돌리기도 한다.

또 재무상태표는 자산과 부채를 유·비유동자산으로 분류한다.

1년 이내에 현금화(상환)할 수 있는 (또는 1년 이내에 상환해야 하는) 자산(부채)은 유동자산(부채)이고 1년 이상 소요된다면 비유동자산(부채)으로 판단한다. 이 판단 기준을 통상적으로 1년 기준One year rule 이라고 한다.

'유동'과 '비유동'을 판단하는 기준이 한 가지 더 있는데 그에 대해서는 칼럼에서 소개하겠다.

재무상태표를 보고 도출할 수 있는 가설은 여러 가지가 있다.

예를 들어 '유동자산이 많은 비즈니스는 무엇일까?' 유동자산은 현금 외에 재고자산 등 비교적 쉽게 환금할 수 있는 자산이다. 그러므로 유동자산이 많으면 '이 기업이 소매업이나 제조업이 아닐까?'라는 가설을 세울 수 있다.

그렇다면 비유동자산이 많은 비즈니스에는 어떤 것이 있을까?

비유동자산에는 토지와 공장처럼 신속하게 환금할 수 없는 유형자산PP&E, Property, Plant and Equipment과 영업권 등의 무형자산Intangible Assets이 포함된다. 그러므로 유형자산이 많다는 것은 '전력 회사나 가스공사 같은 인프라 계통의 비즈니스'나 '점포가 많은 소매업'이라는 가설을 세울 수 있다. 무형자산 중 영업권이 많다면 'M&A를 잘하는 기업인가?'라는 가설을 세울 수도 있다.

또 자본(자신의 돈이나 상환 의무가 없는 돈)과 부채(타인에게 받은 돈)를 비교해서 차입금이 많은 경우에는 '남에게 빌린 자금으로 비즈니스를 하는 금융업인가?'라는 가설도 세울 수 있다.

기업의 비즈니스가 무엇인지 상상하면서 예측해보자. 내가 상상한 이미지가 맞는지 틀리는지는 중요하지 않다. 어려운 회계용어나 분석 기법도 지금은 외우지 않아도 된다.

중요한 것은 그 비즈니스를 최대한 상상해보는 것이다. 그리고 정답과 맞춰보면서 자기 생각과의 괴리나 몰랐던 사실을 깨달았을 때 비로소 회계의 재미에 빠져들 수 있을 것이다.

그러면 칼럼을 읽고 재무상태표에 관한 퀴즈에 도전해보자.

정상영업순환기준이란

앞에서는 '유동'과 '비유동'을 구별하는 기준으로 '1년 기준'을 소개했는데 정상영업순환기준Normal operating cycle rule이라는 또 한 가지 중요한 기준이 있다.

일반적으로 영업 사이클은 매입 → 판매(매출) → 대금 지급 → 대금(매출채권) 회수로 진행된다. 아래 그림을 보자.

영업 사이클이란

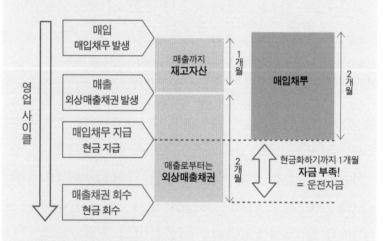

참조 : 도큐급행전철의 유가증권보고서(2018)를 근거로 저자가 작성

영업 순환주기에서 이뤄지는 활동에 해당하는 자산(부채)은 유동자산(유동부채)에 속한다. 이것이 정상영업순환기준이다. 이 기준에 부합하는 유동 항목은 외상매출금Accounts Receivable, 재고자산Inventory, 외상매입금Accounts Payable이다.

예를 들어 코스트코 같은 도매업체의 경우 완성된 상품을 외상으로(후일 정산) 매입하고 매입된 상품을 외상으로 판매한다. P&G, 포드Ford와 같은 제조 업체의 경우 원재료를 외상으로 매입해 제품을 제조한 후 완성된 제품을 외 상으로 판매한다. 이런 상품과 원재료 등이 유동 항목에 속한다.

Q 재무상태표 퀴즈

토지와 건물, 기계설비가 매출을 올리는 기업은?

T사와 G사 재무상태표의 특징을 생각해보자. 업종은 하나는 백 화점, 또 하나는 게임 회사다. 이처럼 업종이 전혀 다른 기업의 경우 재무상태표에서도 차이를 찾을 수 있다.

62쪽 그림을 보자. 먼저 T사는 비유동자산이 총자산의 70% 이상 이라는 점이 두드러진다.

비유동자산에는 기계와 부동산 등의 항목이 있는데 게임 회사와 백화점 중 무엇이 비유동자산을 많이 보유하고 있을까? 백화점이 땅 값이 비싼 점포를 보유하고 있지 않을까? 그렇다면 비유동자산이 적 은 쪽이 게임 회사라는 말이 된다. 그러면 재무상태표를 살펴보자.

G사의 재무상태표를 보면 유동자산이 약 80%에 달한다는 특징 이 있다. 게임 회사이므로 많은 토지와 건물을 보유할 필요가 없기 때문이다. 그리고 부채는 총자산의 10%밖에 되지 않는다. 비유동부 채는 1%에 불과하며 자기자본이 90%를 넘는다. 즉 차입하지 않고 자신의 돈으로 경영하는 기업이다.

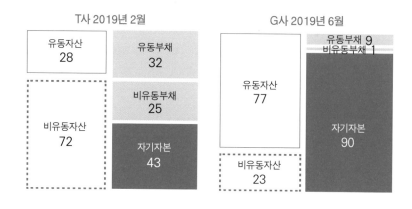

T사 2019년 2월

유동자산 28	유동부채 32
비유동자산 72	비유동부채 25
	자기자본 43

G사 2019년 6월

유동부채 9
비유동부채 1

유동자산 77

자기자본 90

비유동자산 23

퀴즈의 답과 맞춰보자. 정답은 T사는 일본의 유명 백화점 다카시마야이고 G사는 일본 모바일 게임 회사인 그리GREE다. 여러분이 생각했던 답이 맞았을까?

참고로 그림처럼 무차입에 가까운 경영을 하는 일본 기업은 상당히 많다. 예를 들어(금융 부문 제외) 도요타 자동차도 무차입 경영을 한다. 또 의류 유통 소매업체인 시마무라도 그렇다. 돈을 빌리지 않고 경영하는 이유에는 여러 가지가 있겠지만 일본에서는 자기자본을 레버리지로 삼아 차입해서 투자하는 공격적인 경영 방식을 그다지 선호하지 않는다. 또 디플레이션(물가 하락) 때문에 차입을 해도 별이점이 없다. 디플레이션은 돈의 가치를 올린다. 100만 엔을 차입했을 경우, 디플레이션 상황에서는 돈의 가치가 상승함에 따라 차입금의 가치도 상승하기 때문에 손해를 보는 것이다.

손익계산서Income Statements

재무제표의 두 번째 보고서는 손익계산서다. 손익계산서는 기업의 일정 기간 동안의 성적표라고 생각하면 된다. 국제회계기준IFRS과 미국회계기준US-GAAP에서는 매출액에서 영업 운영에 필요한 비용을 차감해 이익을 계산한다. 주된 이익은 4가지 항목으로 이루어진다. 64쪽 그림을 참조하며 각 항목을 살펴보자.

① **매출총이익**Gross Profit

매출액에서 매출원가Cost of Goods Sold, COGS를 차감한 이익이다.

② **영업이익**Operating Profit

매출총이익에서 기업이 영업을 하는 데 필요한 영업경비(판매관리비 및 일반관리비Selling, General & Administrative Expenses, SG&A)를 뺀 이익이다. 이른바 기업의 본업으로 번 돈이다.

금융업계에서는 이 영업이익에 이자 외 영업외손익이나 특별손익을 더한 것이 EBITEarnings Before Interest and Taxes이다. 이자 및 세금 지불 이전의 수익이다. 또 EBIT에 감가상각비Depreciation Amortization를 더한 EBITDAEarnings Before Interest, Taxes, Depreciation and Amortization도 있다. 이것을 법인세 이자 감가상각비 차감 전 영업이익이라고 한다. 여기서 감가상각비란 현금 지출을 수반하지 않는 경비를 계상하는 항목이다. 금융업계에서는 실제 현금 지출이 얼마이고 영업활동으로 얼마나 벌었는지 판단하기 위해 EBITDA를 사

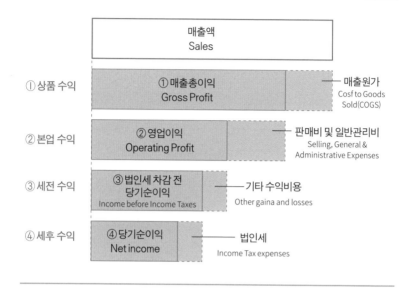

용하기도 한다. 또 해외 기업을 분석할 때는 국가에 따라 세금과 감가상각 방법이 다르므로 EBITDA를 적용해서 기업의 능력을 평가한다.

③ 법인세 차감 전 당기순이익 Income before Income Taxes

영업이익에서 본업 이외의 거래나 일로 발생한 손익(영업외손익)을 공제한 뒤 남는 법인세 차감 전 이익이다.

④ 당기순이익 Net Income

법인세를 차감한 뒤의 이익이다. 마이너스이면 당기순손실 Net Loss

이 되고 플러스이면 당기순이익Net Income이 된다.

앞에서도 이야기했지만, 해외 기업의 재무제표는 IFRS와 미국회계 기준이라는 두 가지 기준으로 작성된다. 세부 사항에 차이는 있지만 손익계산서의 대략적인 구성은 동일하다. 또 매출액을 'Sales'라고도 하고 'Revenues'라고도 하는 등 기업에 따라 다른 용어를 사용하기도 한다.

손익계산서를 보고 도출할 수 있는 가설도 몇 가지가 있는데 대표적인 경우를 살펴보자.

① 매출총이익이 많고 영업이익이 적은 경우

즉 매출원가가 적고 판관비가 많은 비즈니스라고 생각할 수 있다. 사람이나 점포를 수익의 원천으로 삼고 최대한 저렴하게 매입함으로써 이익을 확보하는 경우이다. 맥도날드나 스타벅스 같은 서비스업도 이에 해당한다.

② 매출총이익이 적고 영업이익이 많은 경우

매출원가가 많고 판관비가 적은 비즈니스다. 사람이나 공장에 관한 비용을 억제하고 원가가 많아지는 비즈니스는 일반적으로 인터넷 통신판매 비즈니스 등에서 많이 보인다.

음식점인데 원가가 낮은 이유가 뭘까?

손익계산서에 관한 퀴즈도 풀어보자. 이번 주제는 미국 기업이다. 67쪽의 손익계산서는 세계적으로 널리 알려진 유명한 식음료 기업 D에서 발췌했다.

이것을 보면 매출원가가 대단히 적다. '음식점인데 매입이 적다'는 이상야릇한 손익계산서다. 이때 '외식업이지만 실은 식음료 중심의 경영을 하지 않는구나'라고 의심해보는 것이 중요하다. 그리고 '이 기업은 어디에서 매출을 창출할까?'라고 머리를 굴려보자.

그 답은 가맹점비Franchise Fee다.

이 기업의 정체는 던킨 도너츠다. 일본에서 도너츠 사업은 철수했지만 배스킨라빈스 아이스스크림은 여전히 운영되고 있다. 배스킨라빈스는 프랜차이즈 경영을 한다. 즉 던킨 도너츠 본체는 식음료 사업을 위한 매입은 하지 않고 가맹점으로부터 받는 수입만으로 돈을 버

식사를 제공하지 않는 외식업?

는 것이다. 아래 표를 보면 매출원가가 10%, 판관비가 60%에 가깝다는 점을 알 수 있다.

던킨 도너츠의 손익계산서 개요

	2018년(100만 달러)	%
총수익	1,320	100%
매출원가	135	10%
일반관리비	744	57%
영업이익	441	33%

참조 : Dunkin' Brands Group IR(2018) 자료에 근거해 저자가 작성

다음은 던킨 도너츠의 매출 1,320만 달러의 내역이다.

던킨 도너츠의 매출 구성비 (2018년)

	매출(100만 달러)	%
가맹점비와 로열티 수입	578	44%
가맹점으로부터의 광고 수입	494	37%
임대 수입	104	8%
아이스크림 제품 판매 수입	95	7%
기타	50	4%

참조 : Dunkin' Brands Group IR(2018) 자료에 근거해 저자가 작성

별색으로 표시된 부분은 주로 가맹점에서 얻는 수입으로 전체의 81%를 차지한다. 직영점에서 식음료 판매로 얻는 매출이 7%에 그친다는 놀라운 사실을 알 수 있다. 얼핏 식음료 판매를 중심으로 수익을 낸다고 생각하기 쉽지만, 재무제표를 분석해보면 기업의 진정한 수입원과 비즈니스모델을 이해할 수 있다.

참고로 일본에서 가장 유명한 프랜차이즈 기업은 세븐일레븐이다. 세븐일레븐도 던킨 도너츠와 같은 구조로 사업을 한다. 직영점도 있어서 매출원가(식음료 판매의 원가)는 계상되지만 가맹점 수입 비율이 클수록 이 매출원가는 적어진다.

현금흐름표Cash Flow Statements

세 번째 보고서인 현금흐름표를 살펴보자. 현금흐름표는 기초에서 기말까지 기업의 현금 증감 상황을 나타낸 재무제표다. 가정에 비유한다면 은행 통장이라고 생각하면 된다.

원래 1980년대까지는 현금흐름표 작성 및 개시 의무가 없었다. 그런데 미국에서 이 시기에 손익계산서상에서는 흑자인데도 현금Cash이 모자라서 기업들이 잇달아 파산하는 사태가 발생했다.

예를 들어 매출을 일으켰지만 기업 간 거래(BtoB 거래)의 경우 현금이 곧바로 지급되지 않는 거래가 많다. 이른바 외상 거래(외상매출금)가 이뤄지기 때문이다.

또 외상매출금이 회수되기만 기다리면 되는 것이 아니라 이쪽에서 매입처에 대한 외상 거래(외상매입금)를 지급해야 한다. 그런데 수중에 현금이 없어서 외상매출금을 받기 전에 외상매입금을 갚아야 하는 기일이 도래하면 그때 '지급 불능' 상태가 되고 최악의 경우 '파산'하기도 한다. 미국에서는 이런 경위 때문에 1980년대 후반부터 현금흐름표 제출 의무가 규정되었다.

현금흐름표는 다음 3종류의 현금흐름으로 분류된다.

① 본업으로 인한 현금 수입과 지출

→ 영업활동현금흐름Cash Flows from Operating activities

② 설비투자 및 융자에 관한 현금 수입과 지출

→ 투자활동현금흐름Cash Flows from Investing activities

③ 차입에 의한 현금 수입과 상환에 의한 지출

→ 재무활동현금흐름Cash Flows from Financing activities

이 세 가지는 함께 묶어서 기억해야 한다. 현금흐름표는 이 3가지 항목의 전체적인 흐름을 파악해야 그 기업이 운영하는 '현재' '비즈니스의 특징'과 '향후'의 과제를 깊이 이해할 수 있기 때문이다. 그림을 보면서 구체적으로 설명하겠다.

자신이 기업을 경영한다면 먼저 본업에서 들어오는 현금이 어느 정도인지 알고 싶을 것이다. 그림에서는 기초현금잔액에 ① 영업활동현금흐름이 더해진다. 영업활동이 순조롭게 이뤄진다는 것을 알 수 있다.

다음으로 기업이 성장하기 위해 투자(마이너스)를 하기도 하고 불필요해진 설비 등을 폐기해서 현금화(플러스)하기도 한다. 그림에서는 ② 투자활동현금흐름이 마이너스로 나타나는데 이것은 기업이 투자활동을 위해 현금을 지출했다는 뜻이다.

참고로 ①과 ②를 더한 현금흐름을 잉여현금흐름Free Cash Flow, FCF이라고 한다. 기업이 자유롭게 사용할 수 있는 현금이다.

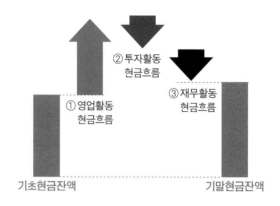

②투자활동
현금흐름

③재무활동
현금흐름

①영업활동
현금흐름

기초현금잔액　　　　　　　　　　기말현금잔액

마지막으로 기업을 경영할 때 자금이 필요하면 은행에서 돈을 빌릴 것이다. 이것이 ③에 해당한다. 돈을 빌리면 현금이 늘어나므로 ③은 플러스가 된다. 그러나 이 기업의 경우, 현금이 줄어들었기 때문에 은행에서 빌린 현금을 상환했다고 추정된다.

그리고 ①, ②에서 구한 현금흐름에 ③인 재무활동현금흐름을 더함으로써 그 기업이 생각하는 앞으로의 비즈니스까지 추측할 수 있다.

다음은 기업의 현금흐름활동을 4가지 유형으로 정리한 것이다. 각각 어떤 기업 전략을 세웠는지 생각해보자.

A. 영업활동현금흐름(플러스), 투자활동현금흐름(마이너스)

이 유형은 사업이 순조롭게 진행되고 그에 맞춰서 투자도 적극적으로 하고 있는 것을 나타낸다.

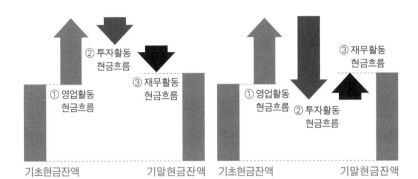

왼쪽 그림의 현금흐름은 이미 예로 설명했다. 영업활동현금흐름에서 얻은 현금을 사용해 자사의 투자·차입금 상환을 했기 때문에 무척 안정적인 현금흐름이다(안정형).

오른쪽 그림을 보면 영업활동현금흐름은 플러스이지만 그보다 더 많은 투자를 했음을 알 수 있다. 이렇게 적극적인 투자를 하는 기업은 **투자선행형**이다. GAFA의 과거 5년간은 특수한 경우를 제외하면 이 투자선행형에 해당한다. 다만 **재무활동현금흐름**은 그때그때 기업의 재무전략(자금 조달 및 자사주 매입 등)에 따라 변하기 때문에 GAFA에서도 각기 다른 흐름을 보인다.

B. 영업활동현금흐름(플러스), 투자활동현금흐름(플러스)

다음 유형은 사업은 순조롭게 진행되고 있지만 투자에는 소극적이고 오히려 회수하는 것처럼 보이는 경우다.

B. 영업활동현금흐름(플러스), 투자활동현금흐름(플러스)

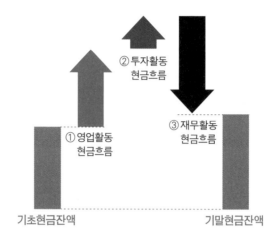

투자활동현금흐름의 플러스는 현금이 없어서 일시적으로 출자를 하거나 빌려준 자금을 회수하는 일시회수형일 수 있다. 또는 경영 효율화를 위해 유휴자산 등을 압축(매각)하는 효율화형 기업일 가능성도 있다. 실태를 파악하려면 투자활동현금흐름의 내용을 꼼꼼히 읽어봐야 한다.

C. 영업활동현금흐름(마이너스), 투자활동현금흐름(플러스)

이 유형은 기본적으로 구조조정형에 속한다.

사업이 부진해서 투자를 회수하면서 경영의 판도를 다시 짜려는 구조조정 시기임을 추측할 수 있다. 실제로 이런 기업은 많이 존재한다.

C. 영업활동현금흐름(마이너스), 투자활동현금흐름(플러스)

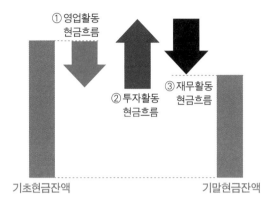

D. 영업활동현금흐름(마이너스), 투자활동현금흐름(마이너스)

영업활동현금흐름이 마이너스이고 사업이 제대로 돌아가지 않는데도 투자를 하는 기업이다. 이런 유형은 그 사업의 특성에 따라 상황이 다르기 때문에 사업의 상태를 먼저 확인해야 한다. 예를 들어남은 보유자산을 담보로 금융기관에서 차입하는 파산위기형 기업일수도 있고, 성장 단계라서 앞으로의 발전을 위해 투자하는 승부형 기업일 가능성도 있다. 실은 상당수 벤처기업의 여명기에는 이런 유형이 많다.

다음 퀴즈로 영업활동현금흐름과 투자활동현금흐름에 관해 생각해보자.

본업이 적자인데 막대한 투자를 하는 기업은?

앞에서 배운 영업활동현금흐름과 투자활동현금흐름이 모두 마이너스인 유형이다. 영업활동현금흐름과 투자활동현금흐름에서의 마이너스를 자금 조달(재무활동현금흐름)로 메우고 있음을 알 수 있다.

이 기업의 정체는 무엇일까?

정답은 배차 서비스를 제공하는 우버테크놀로지Uber Technologies다. 일본에서는 우버의 배차 서비스가 위법이라고 행정지도를 받아 철수했지만 그 대신 우버이츠Uber Eats가 확대되고 있다. 앞에서도 말했지만 이런 형태의 현금흐름 활동의 조합은 일반적으로 벤처기업에

영업활동현금흐름(마이너스), **투자활동현금흐름**(마이너스)

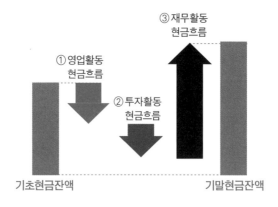

74

많다. 설령 영업활동현금흐름이 마이너스여도 벤처기업을 성장시키기 위해 투자가 필요하다. 은행이나 투자자는 그들의 장래성을 보고 돈을 빌려주는 것이다. 참고로 2019년 말 시점, 우버테크놀로지의 주요 주주는 소프트뱅크였다.

재무비율을 이용해
업계와 기업을 추측해보자

이제 재무상태표와 손익계산서, 현금흐름표의 특징을 파악했으니
재무비율이라는 응용문제에 도전해보자.

업계	기업명
소매업	JP모건
서비스업	스타벅스
기타	페이스북
	델타항공
	인텔
	페덱스
	화이자
	코스트코
	태피스트리

먼저 여러분이 알고 있는 몇몇 기업의 요약 재무제표를 보겠다. 기업의 이름은 적지 않았으니 각 기업의 재무제표의 특징과 재무비율을 보고 어떤 기업인지 생각해보자.

참고로 태피스트리Tapestry Inc는 코치Coach 브랜드 제품을 판매하는 전문 소매업체이다.

78~79쪽에 아홉 개 기업의 요약 재무상태표와 재무비율을 기재했다. 기업 A~I는 어떤 기업인지 생각해보자.

참고로 퀴즈에 이용하기 위해 편의상 실제 데이터를 일부 변경했음을 알아두자. 또 수치는 2018년과 2019년이 혼재되어 있다. 자세한 연도는 표의 마지막 행을 참고하기 바란다.

퀴즈
9개 기업의 정체는?

	A기업	B기업	C기업	D기업
유동자산				
현금및유가증권	5%	42%	3%	14%
외상매출금	5%	8%	4%	4%
재고자산	6%	0%	1%	12%
기타	7%	2%	3%	8%
비유동자산 :				
유형자산	38%	25%	57%	14%
기타비유동자산	39%	23%	33%	48%
자산 합계	100%	100%	100%	100%
유동부채 :				
지급어음	1%	0%	4%	0%
외상매입금	3%	1%	13%	4%
기타	9%	6%	14%	10%
비유동부채 :				
장기이자부채	20%	0%	14%	23%
기타 비유동부채	9%	6%	33%	12%
자기자본	58%	86%	23%	51%
부채·자기자본 합계	100%	100%	100%	100%
매입채무회전기간	48.66	23.41	34.18	46.97
재고자산회전기간	97.89	NA	NA	134.19
매출채권회전기간	36.47	43.86	19.27	18.54
ROA	16%	24%	7%	9%
ROE	28%	28%	29%	19%
매출순이익률	30%	40%	9%	11%
총자산회전율	0.55	0.54	0.78	0.90
재무레버리지	1.76	1.16	4.4	1.96
EBITDA 이익률	49.2%	53.2%	17.5%	18.0%
	2019년	2018년	2018년	2019년

업　계 : 소매업, 서비스업, 기타

기업명 : JP모건, 스타벅스, 페이스북, 델타항공, 인텔, 페덱스, 화이자, 코스트코, 태피스트리

E기업	F기업	G기업	H기업	I기업
54%	18%	4%	14%	14%
36%	3%	17%	5%	5%
0%	25%	0%	8%	5%
0%	5%	3%	3%	10%
1%	46%	56%	33%	8%
9%	2%	20%	37%	60%
100%	100%	100%	100%	100%
58%	0%	2%	0%	6%
8%	26%	6%	6%	4%
13%	25%	9%	26%	10%
11%	11%	31%	58%	21%
1%	3%	20%	42%	19%
10%	34%	33%	−32%	40%
100%	100%	100%	100%	100%
NA	31.47	19.98	22.73	158.84
NA	30.80	NA	28.12	282.01
NA	3.83	46.08	10.82	59.07
1%	8%	8%	21%	7%
14%	26%	1%	−58%	17%
30%	2%	0.2%	14%	21%
0.04	3.54	1.28	1.38	0.34
11.47	2.98	3.06	NA	2.52
NA	4.2%	6.6%	23.6%	48.8%
2019년	2019년	2019년	2019년	2019년

퀴즈에 답하기 위한
9가지 재무지표

분석을 하기 전에 힌트가 되는 6가지 재무지표(정확히는 9가지)를 소개하겠다.

이것을 알면 재무제표의 어디를 보면 될지 감이 잡힐 것이다.

1~3까지는 60쪽의 칼럼 〈정상영업순환기준이란〉에서 배운 내용과 관련이 있다. 이는 기업경영의 효율성과 자금 운영의 안정성을 확인하는 것이 목적이다.

1. 매입채무회전기간

= Days Payable Outstanding DPO 또는 Days Payable

$$\text{Days Payable(일)} = \frac{365}{\text{매출원가/매입채무}} \times 100$$

매입채무를 간략히 말하자면 외상매입금과 지급어음을 더한 것
이다.

이 지표는 상품을 매입한 뒤 대금을 지급하기까지 걸리는 기간을
나타낸다. 기업 입장에서는 이 수치가 크면 거래처가 지급일까지 넉넉히
기다려준다는 뜻이므로 자금 운영에 여유가 있다고 생각할 수 있다.

참고로 '외상매입금회전기간'은 위 공식의 매출원가 대신 매출이
들어간다. 매출에 의한 외상매입금의 지급 기간을 나타내므로 이 수
치가 작으면 외상매입금을 빨리 지급할 수 있을 정도로 많은 매출을
계상했다고 생각할 수 있다.

매입채무회전기간

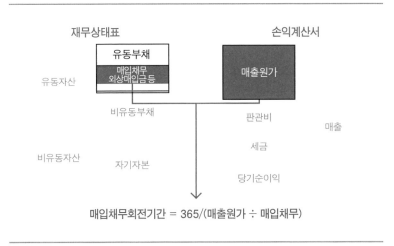

매입채무회전기간 = 365/(매출원가 ÷ 매입채무)

2. 재고자산회전기간

= Days Inventory Outstanding DIO 또는 Days Inventory

$$\text{Days Inventory(일)} = \frac{365}{\text{매출원가/재고자산}} \times 100$$

　상품이나 원재료를 매입했는데 재고자산이 몇 개월이나 창고에 머물러 있는 것은 기업 경영에 바람직하지 않다. 재고자산을 그대로 두면 보관료가 들고 시간이 지나면서 품질이 떨어지기 때문이다.

　그러므로 매출원가를 재고자산으로 나눠 1년에 몇 회분의 재고를 판매할 수 있었는지 산출한다. 그리고 365일을 그 수치로 나눠 재고가 어느 정도 기간 동안에 판매될 수 있는지 구한 것이 재고자산회

재고자산회전기간

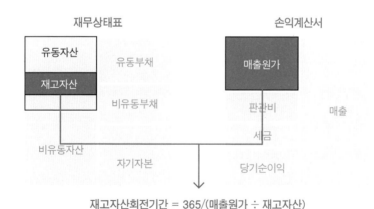

재고자산회전기간 = 365/(매출원가 ÷ 재고자산)

전기간이다.

예를 들어 재고자산회전기간이 짧으면 재고가 판매되기까지의 기간이 짧고 효율적인 재고 관리가 되어 있음을 의미한다. 그런 의미에서 이 지표를 보는 것이 중요하다.

3. 매출채권회전기간
= Days Sales Outstanding DSO

$$\text{Days Sales Outstanding(일)} = \frac{365}{\text{매출액/매출채권}} \times 100$$

매출채권은 외상매출금과 받을 어음을 더한 것이다. 이 지표는 상품을 판매한 뒤 대금이 지급되기까지의 기간을 나타낸다. 기업 입장에서 볼 때 이 기간이 짧으면 자금 운영에 여유가 생긴다. 통상적으로 매출채권(외상)이 발생하는 거래는 개인을 상대로 한 BtoC 비즈니스가 아닌 법인을 상대로 한 BtoB 비즈니스가 중심이다. 따라서 고객이 개인 중심이면 회수 기간이 짧아지고 법인 중심이면 길어지는 경향이 있다. 이는 퀴즈를 풀 때 중요한 힌트가 될 것이다.

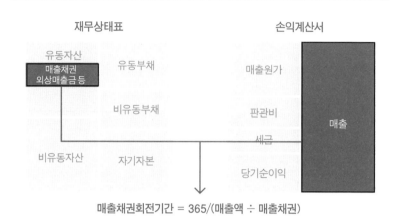

매출채권회전기간 = 365/(매출액 ÷ 매출채권)

다음 4~6번 지표는 주로 '수익성'을 측정하는 기준이다. ROE는 효율성과 안전성도 파악할 수 있다.

4. ROA[총자산수익률]

= ROA(Return On Asset)

$$ROA(\%) = \frac{당기순이익}{자산총액} \times 100$$

ROA는 '자산총액을 이용해서 얼마나 효율적으로 이익을 냈는가?'를 측정하는 지표다.

공식의 분자를 EBIT[≒영업이익]으로 바꿔서 계산할 수도 있다.

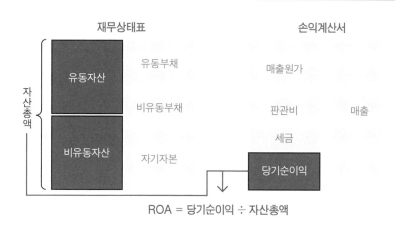

ROA

ROA = 당기순이익 ÷ 자산총액

또 분모의 자산총액은 기초와 기말을 평균한 것이다. 단서가 없는 한 재무상태표의 수치는 이렇게 평균치로 나타낸다는 것을 기억해두자. 공식을 분해하면 다음과 같이 나타낼 수도 있다.

$$\text{ROA(\%)} = \frac{\text{당기순이익}}{\text{매출액}} \times \frac{\text{매출액}}{\text{자산총액}} \times 100$$

매출액순이익률 　　총자산회전율

　즉 매출액순이익률과 총자산회전율을 곱하면 된다. 총자산회전율은 처음 듣는 용어일 수 있는데 자신이 보유한 자산총액의 몇 배의 매출을 올렸는지 생각할 때 쓰인다. 그 수치가 크면 효율적으로 자산을 활용해 매출을 올린 것이다.

참고로 ROA는 실무에서는 상사를 대상으로 '과거에 취득한 자산을 효율적으로 사용하고 있는가'를 판단하기 위해서도 쓰인다. 한편으로 엄밀한 투자수익을 판정할 때 쓰이는 지표는 ROIC(투하자본수익률. 은행 차입금 등도 포함한 전체 투자 자본에 대한 수익률)를 적용하는 것이 최근의 추세다. 설명하기가 좀 복잡해서 이 책에서는 생략하지만 더 깊이 공부하고 싶은 사람은 도전해보기 바란다.

5. ROE 6. 매출액순이익률 7. 총자산회전율 8. 재무레버리지

= ROE[Return On Equity, 자기자본이익률]

$$ROE(\%) = \frac{당기순이익}{자기자본} \times 100$$

ROE는 통상적으로 주주가 1달러를 투자했다면 어느 정도 수익이 돌아오는지 판단할 때 적용한다. ROE가 10%라면 10센트가 돌아온다는 뜻이다.

ROE도 ROA처럼 분해해보자. 그러면 다음 3가지 측면에서 분석할 수 있는 유용한 지표임을 알 수 있다.

① 수익성 → 매출액순이익률

② 효율성 → 총자산회전율

③ 안전성 → 재무레버리지

이에 따라서 식을 변형하면 다음과 같은 공식이 나온다.

이 식은 뒤폰식Dupont식이라고 불리며 ROE를 ①②③으로 분해해서 각 요소를 분석하기 위해 쓰인다.

$$ROE(\%) = \frac{당기순이익}{매출액} \times \frac{매출액}{자산총액} \times \frac{자산총액}{자기자본} \times 100$$

매출액순이익률　　총자산회전율　　재무레버리지

앞서 구한 ROA의 마지막에 재무레버리지를 곱한 것이 ROE다.

다만 기업의 자본 정책에서 재무레버리지는 조작할 수 있으므로 의도적으로 ROE를 올리는 경우가 있다. 그런 이유로 어떤 사람들은 ROE를 판단기준으로 적용하지 않기도 한다.

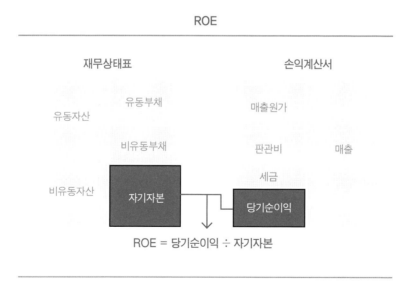

ROE

재무레버리지는 자기자본의 몇 배의 부채를 빌렸는지 나타내는 지표다. 예를 들어 차입금이 커지면 분자가 커지기 때문에 ROE가 개선된다. 또 증배와 자사주 매입을 통해 분자를 줄여서 ROE를 개선할 수도 있다. 그런 재무 전략에 넘어가지 않도록 ROE는 시계열로 살펴보는 것이 중요하다.

일본경제산업성이 2019년 11월에 개최한 〈제1회 지속가능한 기업 가치 창조를 향한 대화의 실질화 검토회〉 자료에 따르면, 2018년 미국 기업의 평균 ROA는 6%인데 비해 일본 기업은 4% 정도로 추정되었다. 또 ROE는 미국이 18%, 일본은 9%로 큰 차이를 보였다.

다만 시계열로 보면, 지난 10년간 일본 기업의 ROA와 ROE 수치가 개선되고 있음을 알 수 있다.

9. EBITDA 이익률

= Earnings Before Interest, Taxes, Depreciation and Amortization

$$EBITDA\ 이익률(\%) = \frac{EBITDA}{매출액} \times 100$$

EBITDA에비타, 세전 이자 지급 전 이익는 금리 세금, 감가상각비(유무형)를 계산하기 전의 이익을 가리킨다. EBITDA에 의해 감가상각비와 같은 비현금성 비용이 얼마나 되는지 산출할 수 있다.

이 수치가 큰 기업은 어떤 특성이 있을까? 상대적으로 감가상각비

EBITDA 이익률

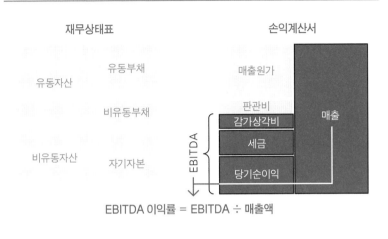

재무상태표

손익계산서

EBITDA 이익률 = EBITDA ÷ 매출액

를 많이 계상해야 하는 기업이다. 예를 들어 전력 회사는 유형자산을 많이 보유하고 있기 때문에 감가상각비 금액이 클 수밖에 없다. 다른 관점으로 보자면 매출액순이익률과의 괴리가 큰 기업이라고도 할 수 있다. 매출액순이익률이 낮은데 EBITDA 이익률은 높다. 구체적인 예를 들자면 이 책의 주역 중 하나인 아마존이 여기에 해당한다.

미국 기업의 중요 지표

70쪽에 현금흐름표 요약판을 기재했는데, 정확한 현금흐름을 산출하고 싶은 경우에는 기업잉여현금흐름Free Cash Flow for the Firm, FCFF을 사용한다. 기업잉여현금흐름은 다음과 같은 식으로 나타낸다.

FCFF = 영업이익 × (1−법인세율) + 감가상각비 − 순운전자본Net working

퀴즈 해법

그러면 퀴즈를 풀기 위해 업계의 특성을 생각해보자.

먼저 서비스업계부터 생각해보자. 통상 서비스업계는 재고자산을 갖지 않고 서비스를 제공하기 때문에 재고가 아예 없거나 대단히 적게 보유하고 있다. 재고가 없는 비즈니스로는 전력, 항공·운송, 은행, 엔터테인먼트업계 등을 생각할 수 있다.

여기에 해당하는 것은 재고자산회전기간이 NA해당 없음인 기업 B, C, E, G이다.

반대로 재고자산회전기간에 수치가 있는 것은 재고자산을 보유해야 하는 비즈니스, 즉 소매업이나 제조업일 것이다.

구체적으로 서비스업에 해당하는 기업은 JP모건, 페이스북, 델타항공, 페덱스였다. 여러분도 이렇게 선택지를 좁히는 데 성공했을까?

● 순운전자본Net working capital은 유동자산에서 유동부채를 차감한 돈이며 영업활동에 필요한 자금을 말한다.

그 외의 기업은 소매업Retail sales이나 도매업Whole sales, 제조업Manufacturing이다.

소매업 : 스타벅스, 태피스트리

도매업 : 코스트코

제조업 : 인텔, 화이자

그러면 서비스업 중에서 기업의 특징을 관찰해보자.

먼저 서비스업별 자기자본의 차이를 살펴보겠다. B기업이 86%인데 비해 E기업은 10%에 불과하다. 또 E기업은 재무레버리지가 11.47로 다른 기업보다 높은 편이다. 상당히 차입금이 많은 사업을 한다는 말이다. 그 차입금 중에서도 지급어음이 압도적으로 많다. 이런 특징이 있는 업종은 이 중에서 은행밖에 없다. 즉 E기업은 JP모건이다. ·

은행의 특징은 일반인인 우리에게 예금이라는 형태로 돈을 빌려서 그것을 융자로 대출해준다. 그러므로 자기자본은 적고 재무레버리지를 높게 거는 비즈니스라고 할 수 있다.

다음에 남은 B, C, G기업을 생각해보자. 이 기업들의 큰 차이점은 외상매출금이나 매출채권회전기간이다. 앞에서 매출채권회전기간에는 비즈니스모델의 차이가 있다고 했다. 외상 거래는 BtoB 사업에만 존재하며 BtoC에는 존재하지 않는다. B와 G는 매출채권회전기간이 길기 때문에 법인을 상대로 한 비즈니스이고 C는 개인을 상대로 한 비즈니스라고 추정된다. 그러면 페이스북, 델타항공, 페덱스 중 개인을 상대로 한 비즈니스를 하는 C기업은 델타항공임을 알 수 있다.

마지막으로 B와 G를 보면 유형자산에서 크게 차이가 난다. 페덱스는 항공기와 공항(토지) 등을 보유하고 있기 때문에 이 수치가 커진다. 페이스북도 서버 장비 등이 있겠지만 고정자산은 상대적으로 크지 않은 비즈니스임을 알 수 있다. 즉 B기업은 페이스북, G는 페덱스다.

이런 식으로 다른 기업에 관해서도 풀어보자.

다음에 I기업을 살펴보면 두 가지 주목할 점이 있다.

하나는 '기타 비유동자산'이다. 또 하나가 'EBITDA 이익률과 매출액순이익률의 차이'다.

기타자산 중에는 기업이 인수했을 때 발생하는 프리미엄액인 '영업권Goodwill'이나 특허 등의 무형자산이 포함되어 있다. EBITDA 이익률과 매출액순이익률의 차이를 보면 타 기업에 비해 상당히 큰 편이다. 이런 특징은 제약업계에서 종종 보인다. 즉 I기업은 화이자라는 걸 알 수 있다.

이제 남은 기업은 A, D, F, H이다.

다음으로 매출액순이익률을 살펴보겠다. 이익률에는 여러 가지가 있는데 대체로 이 수치의 크기는 일상용품화가 얼마나 진행되고 있는지 판단하는 데 도움이 된다. 그중에서 이익률이 가장 낮은 것은 2%밖에 되지 않는 F기업이다. EBITDA 이익률도 4.2%에 불과하다. 이렇게 일상용품화된 상품을 판매하는 기업은 여기에서 한 곳뿐이다. F기업은 코스트코일 것이다.

반대로 A는 이중에서 이익률이 무척 높은 편이다. 스타벅스, 인텔, 태피스트리 중 이렇게 높은 이익률을 낼 수 있는 것은 인텔밖에 없다. 반도체 사업의 이익률은 대단히 변동성이 높다. 스타벅스나 태피스트리는 한 번에 높은 이익률을 내려고 해도 뜻대로 되지 않는다. A기업은 인텔이다.

마지막으로 D기업과 H기업은 스타벅스나 태피스트리 중 하나인데 이 두 기업에도 큰 특징이 있다. 점포 수다. 스타벅스는 많은 점포를 가진 반면 코치를 주로 판매하는 태피스트리는 고객층을 선별해서 점포를 두고 있다.

여기서 확인해야 할 지점은 유형자산이다. H기업이 33%인데 비해 D는 14%다. 그러므로 스타벅스가 H기업이고 태피스트리가 D기업임을 알 수 있다.

다음 장에 해답이 있다. 여러분의 점수는 몇 점일까? 업계의 특징과 그 기업의 비즈니스 특성을 이해하면서 재무제표를 읽어보면 많은 점을 깨닫게 된다. 세부 수치는 몰라도 그 수치의 크기로 해답을 구할 수 있는 것이다.

해답

	인텔	페이스북	델타항공	태피스트리
유동자산				
현금및유가증권	5%	42%	3%	14%
외상매출금	5%	8%	4%	4%
재고자산	6%	0%	1%	12%
기타	7%	2%	3%	8%
비유동자산 :				
유형자산	38%	25%	57%	14%
기타비유동자산	39%	23%	33%	48%
자산 합계	100%	100%	100%	100%
유동부채 :				
지급어음	1%	0%	4%	0%
외상매입금	3%	1%	13%	4%
기타	9%	6%	14%	10%
비유동부채 :				
장기이자부채	20%	0%	14%	23%
기타 비유동부채	9%	6%	33%	12%
자기자본	58%	86%	23%	51%
부채·자기자본 합계	100%	100%	100%	100%
매입채무회전기간	48.66	23.41	34.18	46.97
재고자산회전기간	97.89	NA	NA	134.19
매출채권회전기간	36.47	43.86	19.27	18.54
ROA	16%	24%	7%	9%
ROE	28%	28%	29%	19%
매출순이익률	30%	40%	9%	11%
총자산회전율	0.55	0.54	0.78	0.90
재무레버리지	1.76	1.16	4.4	1.96
EBITDA 이익률	49.2%	53.2%	17.5%	18.0%
	2019년	2018년	2018년	2019년
해답을 위한 키워드	• 매출액순이익률이 높음	• 재고 없음 • 자기자본비율이 높음	• 재고 거의 없음 • 매출채권회전기간이 짧음	• 유형자산

JP모건	코스트코	페덱스	스타벅스	화이자
54%	18%	4%	14%	14%
36%	3%	17%	5%	5%
0%	25%	0%	8%	5%
0%	5%	3%	3%	10%
1%	46%	56%	33%	8%
9%	2%	20%	37%	60%
100%	100%	100%	100%	100%
58%	0%	2%	0%	6%
8%	26%	6%	6%	4%
13%	25%	9%	26%	10%
11%	11%	31%	58%	21%
1%	3%	20%	42%	19%
10%	34%	33%	−32%	40%
100%	100%	100%	100%	100%
NA	31.47	19.98	22.73	158.84
NA	30.80	NA	28.12	282.01
NA	3.83	46.08	10.82	59.07
1%	8%	8%	21%	7%
14%	26%	1%	−58%	17%
30%	2%	0.2%	14%	21%
0.04	3.54	1.28	1.38	0.34
11.47	2.98	3.06	NA	2.52
NA	4.2%	6.6%	23.6%	48.8%
2019년	2019년	2019년	2019년	2019년
• 재고 없음 • 지급어음 • 재무레버리지	• 매출액순이익률 이 낮음	• 재고 없음 • 유형자산 비율 이 높음	• 유형자산	• 기타비유동자산 비율이 높음 • 매출액수이익률 과 EBITDA 이익 률의 차이

채무초과를 문제 삼지 않는 미국 기업

이미 퀴즈를 보면서 눈치챈 사람도 있겠지만 스타벅스는 채무초과 상태다. 그렇다면 우리가 잘 아는 스타벅스는 경영이 불안정한 상태일까?

실은 미국 기업은 채무초과를 별로 문제 삼지 않는 경향이 있다. 예를 들어 2020년 초에 스타벅스 외에도 맥도날드, 필립모리스, 보잉 등 유명한 기업이 채무초과 상태에 빠졌다. 그 이유가 뭘까?

그것은 그들 중 상당수가 차입을 하면서까지 순이익 이상의 자사주 매입과 배당을 했기 때문이다. 일본이라면 그 즉시 금융기관에서 우려의 목소리를 냈을 것이다. 그래도 그 기업들은 여전히 투자적격 등급을 유지하고 있으니 신기한 노릇이다.

그것이 허용되는 이유는 건전한 FCF 때문이다. 89쪽의 칼럼에서도 언급했지만 많은 미국 기업이 FCF를 기업의 KPI를 측정하는 지표로 적용한다. 현금이 많으면 차입금 상환을 요구받아도 파산하지 않는다. 그래서 그들은 순이익 이상으로 이익을 분배하는 것이다.

또 기업 경영진이 받는 보수도 주가와 연동하는 경우가 많기 때문에 재무건전성보다는 주주환원 의식이 강하게 작용한다.

3장

애플 vs 소니

드디어 실전편이다.

3장은 애플과 소니의 비즈니스를 비교해보겠다.

애플의 비교 대상을 소니로 선택한 이유는 80년대에 혁신적인 기업으로 세계에서 평가받은 소니가 지금의 애플과 겹치는 부분이 많다고 생각했기 때문이다. 당연하지만 비즈니스 환경이 하루가 다르게 변하고 있기 때문에 두 기업의 비즈니스도 시대의 흐름에 따라 변화하고 있다. 그러므로 같은 조건에서 직접 비교하기는 어렵다는 점을 염두에 두자. 그러나 애플과 소니가 어떤 경위로 지금에 이르렀는지 이해함으로써 많은 것을 배울 수 있을 것이다.

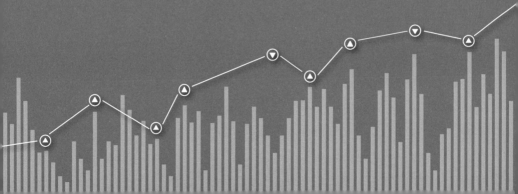

애플과
소니

여러분이 알고 있는 애플과 소니의 비즈니스에는 어떤 것이 있는가? 아마 많은 이가 떠올리는 제품이나 서비스는 다음과 같지 않을까?

양쪽 다 하드웨어를 다루는 제조업체라는 이미지가 있지만 이렇게

애플과 소니의 주요 비즈니스

애플	소니
• 아이폰	• 전자제품
• 아이패드	• 엑스페리아Xperia
• 맥	• 플레이스테이션
• 아이튠즈 스토어(음악·영화·앱 판매)	• 영화 · 음악
• 애플 스토어(애플 제품 판매)	• 생명보험 · 손해보험

정리해보니 소니가 더 다양한 비즈니스를 하고 있다는 사실을 알 수 있다.

애플 스토리

먼저 애플의 역사에 관해 알아보자.

애플은 1976년에 스티브 잡스Steve Jobs와 스티브 워즈니악Steve Wozniak이 세운 회사로 그 당시 사명은 애플컴퓨터Apple computer였다. 창업 후 애플I의 차기 모델인 애플II가 폭발적으로 팔린 덕분에 IPO기업공개에 성공했고, 1984년에는 맥킨토시Mac 컴퓨터를 출시했다. 애플의 인지도가 확실하게 높아지던 중에 잡스가 1985년에 이사진과 경영 방침을 놓고 대립하다가 일단 애플을 떠나게 된다. 90년대 후반, 애플이 경영 위기에 처하자 잡스가 다시 고문으로 돌아왔고 2000년에는 CEO로 복귀했다. 그 이후 잡스는 서플라이 체인 개혁과 참신한 디자인을 축으로 애플을 재건하는 데 성공했다. 2년 정도 만에 애플을 V자 회복시킨 것은 잘 알려진 사실이다.

애플을 재건할 때의 핵심인물이 애플의 현 CEO인 팀 쿡Timothy Donald Cook이다. 잡스는 쿡을, 1998년에 컴팩(현 HP)에서 스카우트해서 유통망 개혁의 중심인물로 내세웠다. 쿡은 구체적으로 제품 라인업을 간소화하고 자사 공장과 재고자산을 효율화해 기존 유통 모델을 쇄신했다. 현재의 애플이 가진 타사에 지지 않는 경영체제와 고수익 체질은 이 개혁이 크게 기여했다.

애플의 매출 구성비

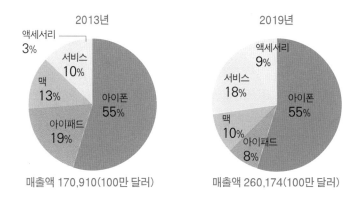

참조 : 애플의 재무제표〈10K〉를 근거로 저자가 작성

다음으로 애플의 수익원을 살펴보자. 애플의 매출은 아이폰, 아이패드, 맥 등의 하드웨어가 중심이다. 그러나 최근 애플의 비즈니스를 이야기하려면 이런 하드웨어 사업 외에 소프트웨어 사업(서비스 사업)도 포함해야 한다. 애플의 서비스 사업이라면 애플 뮤직, 애플 페이, 앱 스토어 등을 들 수 있다. 그리고 이런 서비스 사업이 지난 몇 년간 상당히 점유율을 높이고 있다.

위의 원그래프는 애플의 비즈니스가 지난 몇 년간 어떻게 변화했는지 나타낸다. 물론 아이폰의 시장점유율은 아직 매우 높고 주요 수익창출원이라는 사실은 변함이 없지만 애플이 소프트웨어에도 공을 들이고 있는 것은 '물건이 아닌 부가가치'를 요구하는 소비자의 마인드 변화가 배경에 있다고 생각할 수 있다.

소니 스토리

소니는 1946년에 이부카 마사루井深 大와 모리타 아키오盛田 昭夫가 도쿄통신공업이라는 사명으로 출발했다. 1979년에 발매한 워크맨은 '음악을 듣는 방식을 바꾸었다'고 평가받는다. 소니는 90년대까지 안정적으로 이익을 냈지만 2000년대에 들어서 IT 혁명기를 따라잡지 못하고 뒤처지게 되었다. 그래서 2000년대는 채산성이 없는 사업을 정리하면서 경영 효율화를 꾀했다. 그리고 최근 몇 년에 걸쳐 서서히 다시 호황을 맞이하고 있다.

아이폰만 눈에 띄기 때문에 최근의 소니는 하드웨어에 힘쓰지 않는 것처럼 보이지만 실은 그렇지 않다. 현재 소니는 예전 같은 하드웨어 제조만이 아니라 엔터테인먼트 사업 중심으로 사업 다각화를 하고 있다. 예전의 소니를 아는 사람이 볼 때 현재의 소니는 '소니답지 않다'고 느낄 수도 있다. 그러나 원래 소니라는 기업은 한 분야의 사업에 얽매이지 않고 다양한 가능성을 추구한다는 방침을 갖고 있다. 모리타 아키오가 도쿄통신공업에서 세계시장을 공략하기 위해 누구나 쉽게 발음할 수 있는 소니sony라는 사명으로 바꾼 것을 생각하면 오히려 지금의 소니는 모리타 아키오의 생각을 이어받고 있다고 할 수 있다.

소니의 사업 다각화 내용을 살펴보자. 103쪽 원그래프는 2013년과 2018년의 제품별 매출 비율을 비교한 그림이다.

2013년과 2018년에 제공하는 제품과 서비스 라인이 다르기 때문에 모든 항목을 등가 비교할 수 있는 것은 아니다. 그러나 소니가 어

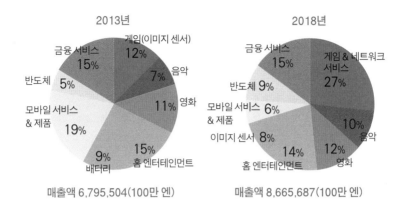

2013년

금융 서비스 15%
게임(이미지 센서) 12%
반도체 5%
음악 7%
모바일 서비스 & 제품 19%
영화 11%
9% 배터리
15% 홈 엔터테인먼트

매출액 6,795,504(100만 엔)

2018년

금융 서비스 15%
게임 & 네트워크 서비스 27%
반도체 9%
모바일 서비스 & 제품 6%
이미지 센서 8%
10%
음악
14% 홈 엔터테인먼트
12% 영화

매출액 8,665,687(100만 엔)

참조 : 소니의 20F에 근거해 저자가 작성

떻게 비즈니스를 변화시켰는지 '대국적인 관점'을 얻기에는 충분한 자료다.

2013년의 소니는 중요한 매출이 가정용 오락기기Home Entertainment 와 모바일 서비스 관련 제품Mobile Communication & Products에서 발생 했지만 2018년이 되자 네트워크를 이용한 게임과 엔터테인먼트 등의 소프트웨어 사업 비중이 커졌다.

- 가설을 세우다 -
애플과 소니의
이익 구조와 실적

지금까지 애플과 소니의 과거에서 현재에 이르는 역사를 살펴보았다. 두 기업이 '어떤 사업을 운영하고 있는가?', '어떤 사업이 수익 창출의 중심일까' 등을 생각하는 기회가 되었는지 모르겠다.

이제 그런 관점에서 두 기업을 보았을 때 생기는 의문이나 가설에는 어떤 것이 있는지 생각해보자. 기업 수익의 원천이 되는 비즈니스는 독자 여러분이 지닌 이미지와 다른 경우가 종종 있다. 틀리는 것을 두려워하지 말고 의문을 가지고 거기에서부터 가설을 세우는 습관을 들이자.

다음은 애플과 소니에 대한 가설과 의문을 예로 든 것이다.

- 주로 제품을 만드는 기업일 거야
- 재고자산이 많을 것 같아
- 제품을 만드니까 설비 투자도 꽤 하겠지?
- 거액의 투자를 했을지도 몰라
- 인기가 많으니까 매출도 클 거야
- 스마트폰 시장은 이미 포화 상태이니까 이익이 별로 나지 않을지도 몰라
- 화웨이나 삼성전자한테 밀려서 판매 대수가 줄어들지 않았을까?

애플

- 이제 제품 제조가 중심 사업은 아닐 거야
- 소프트웨어 콘텐츠에 주력하는 걸까?
- 매출은 증가하고 있는 것 같아

소니

이런 가설이나 의문은 어느 정도 맞았을까? 재무제표를 보면서 답을 맞춰보자.

애플과 소니는 둘 다 제조사라는 공통 이미지가 있지만, 애플은 아이폰 등 하드웨어에 집중하고 있는 반면 소니는 하드웨어뿐 아니라 소프트웨어(게임, 영화 등)로 사업을 확장하는 다각화 전략을 채택했다. 각기 다른 분야에서 싸우고 있는 셈이다.

먼저 이 두 기업의 주요 재무제표 수치를 비교해보자(애플은 2019년 9월말, 소니는 2019년 3월말).

각 항목에서 애플이 소니보다 우월하다는 것을 알 수 있다. 애플의 시가총액은 일본 엔으로 약 130조 엔이다. 소니의 8.5조 엔을 훨씬 뛰어넘어 2020년 2월 시점에는 약 15배에 달한다.

86쪽에서 설명했듯이 ROE는 Return On Equity, 자기자본이익률

애플과 소니의 주요 재무제표 수치

	애플	소니
매출액(100만 달러)	260,174	86,657
영업이익률	24.57%	9.53%
ROE	55.92%	27.30%
연구개발비(100만 달러)	16,217	4,812
자기자본비율	26.7%	17.9%

참조 : 각 기업의 재무제표를 근거로 저자가 작성

이다. 이 지표로 기업이 자기자본을 이용해 어느 정도 수익을 냈는지 알 수 있다. 미국 기업의 과거 50년간 평균 ROE가 12%이므로 두 기업의 ROE는 대단히 높은 편이다.

그러나 1개 년도의 ROE로 기업의 경영 상태를 판단하는 것은 별로 현명하지 않다. ROE는 경영자가 의도적으로 조작할 수 있기 때문이다. 그러므로 어떤 한 시점에서의 ROE 수치보다는 과거에서 현재에 이르는 추이를 살펴보는 것에 의미가 있다.

연구개발비는 3배 이상 차이가 나지만 이 수치만으로 기업의 비즈니스나 경영을 이해하기에는 무리가 있다. 다음에 소개할 두 기업의 재무제표 수치의 특징을 깊이 이해하는 것이 중요하다.

애플의
재무제표

먼저 애플에 관해 조사해보자. 애플에 관한 가설 및 의문은 다음
과 같았다.

애플

- 주로 제품을 만드는 기업일 거야
- 재고자산이 많을 것 같아
- 제품을 만드니까 설비 투자도 꽤 하겠지?
- 거액의 투자를 했을지도 몰라
- 인기가 많으니까 매출도 클 거야
- 스마트폰 시장은 이미 포화 상태이니까 이익이 별로 나지 않을지
  도 몰라
- 화웨이나 삼성전자한테 밀려서 판매 대수가 줄어들지 않았을까?

이 내용을 어떻게 재무제표상에서 확인하면 좋을까? 가설이나 의

문이 얼마나 적중했을지 재무제표를 이용해 답을 맞춰보자. 먼저 재무상태표부터 보겠다.

애플의 재무상태표

(100만 달러)		2018.9.29	2019.9.28
자산			
유동 자산	**유동자산 :**		
	현금 및 현금성자산	25,913	48,844
	단기증권투자	40,388	**51,713**
	매출채권(순)	23,186	22,926
	재고자산	3,956	4,106
	벤더 영업외 미수입금	25,809	22,878
	기타유동자산	12,087	12,352
	유동자산 총계	131,339	162,819
비유동 자산	**비유동자산 :**		
	장기증권투자	170,799	**105,341**
	유형자산(순)	41,304	37,378
	기타비유동자산	22,283	32,978
	비유동자산 총계	234,386	175,697
자산총계		365,725	338,516
부채 및 자본			
유동 부채	**유동부채 :**		
	매입채무	55,888	46,236
	기타 유동부채	33,327	37,720
	선수금	5,966	5,522
	상업어음[CP]	11,964	5,980
	회사채	8,784	10,260
	유동부채 총계	115,929	105,718

비유동부채	비유동부채 :		
	회사채	93,735	91,807
	기타 비유동부채	48,914	50,503
	비유동부채 총계	142,649	142,310
부채 총계		258,578	248,028
자기자본	자기자본 :		
	보통주 · 불입잉여금	40,201	45,174
	내부유보	70,400	45,898
	기타 포괄이익(손실)누계액	-3,454	-584
	자기자본 총계	107,147	90,488
부채 및 자본 총계		365,725	338,516

참조 : 애플의 재무제표 자료 〈10K〉를 근거로 저자가 작성

애플의 특징 ①

증권투자 규모

→ BS+Note to Consolidated Financial Statement's

먼저 아래 가설에 관해 검증해보자.

● 거액의 투자를 했을지도 몰라

애플의 첫 번째 특징은 유가증권Marketable Securities이 많다는 것이
다. 재무상태표를 자세히 보면 유동자산과 비유동자산의 유가증권
투자 포트폴리오는 다음과 같다.

애플의 증권투자 (100만 달러) (2019년 9월말)

	단기증권투자		장기증권투자		합계	
미국채	9,817	19%	14,282	14%	24,099	15%
미국정부계기관채권	2,249	4%	1,027	1%	3,276	2%
미국 이외의 국채	3,168	6%	16,191	15%	19,359	12%
CD[양도성예금]	1,922	4%	95	0%	2,017	1%
CP[상업어음]	7,240	14%		0%	7,240	5%
회사채	26,127	51%	59,797	57%	**85,924**	**55%**
기타	1,190	2%	13,949	13%	15,139	10%
합계	51,713		105,341		157,054	

참조 : 애플의 재무제표 〈10K〉를 근거로 저자가 작성

애플의 단기증권투자 (2019년)

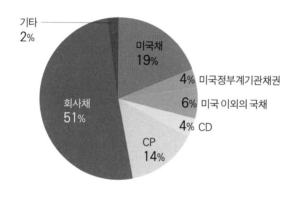

참조 : 애플의 재무제표 〈10K〉를 근거로 저자가 작성

증권투자 자료에 있는 CDCertificate of Deposit는 단기금융시장에서 매매되는 '양도성예금'을 가리키는 것으로 정기예금증서라고 생각하면 된다. CPCommercial Paper는 기업의 단기자금 조달을 목적으로 한

무담보약속어음이다.

유가증권투자 전체 중 가장 큰 비율을 차지하는 것은 회사채Cor-porate Bonds로 55%다.

총자산의 25% 이상을 회사채에 투자한 것은 주목할 만한 점이다.

다음으로 유동자산에 있는 단기증권투자를 보면 유동자산Current Assets의 약 30% 이상을 차지한다. 일본 엔으로 약 5조 엔에 달하며 여기에 현금 및 현금성자산을 더하면 약 10조 엔이라는 엄청난 금액이 된다.

더욱 대단한 것은 장기증권투자금액(표 참조)이다. 재무상태표를 보면 비유동자산Non-Current Assets의 60%가 장기증권으로 투자되고 있음을 알 수 있다. 또 장기증권 투자내역을 보면 미국 이외의 외국채에 대한 투자와 기타(파생상품 등을 이용한 금융상품)에 상당한 비중이 실려 있다는 점에서 애플의 독특한 투자 전략을 확인할 수 있다.

다만 왜 유가증권으로 운용(투자)하고 있는가라는 의문이 남는다. 그 이유는 여러 가지를 생각할 수 있겠지만 현금을 많이 보유해도 수익이 생기지 않기 때문에 수익 창출을 위해 유가증권에 투자했다고 생각할 수도 있다. 이만한 돈을 투자할 수 있는 것은 자금에 여유가 있다는 방증이기도 하다. 그렇다면 애플은 왜 자금에 여유가 있을까? 그 구조는 특징 ②를 보면 알 수 있다.

세계 최고 수준의 이익금

→ 손익계산서

애플의 특색 중 두 번째는 다른 GAFA에 비해 이익률이 압도적으로 높다는 점이다.

앞에서 든 다음 두 가지 의문에 대한 답이 여기 있다.

- 인기가 많으니까 매출도 클 거야
- 스마트폰 시장은 이미 포화 상태이니까 이익이 별로 나지 않을지도 몰라

먼저 애플은 2018년까지 GAFA 중 가장 큰 2,601억 달러의 매출액을 기록했다(2019년은 아마존이 애플을 제쳤다). 또 영업이익과 당기순이익에서도 아람코가 상장하기 전까지 1등 자리를 군건히 지켰다.

2018년의 재무제표(애플을 2019년 9월말)에서 GAFA의 매출과 이익을 정리하면 다음과 같다.

GAFA의 매출과 이익

매출액 (10억 달러)		영업이익 (10억 달러)		순이익 (10억 달러)	
1 애플	260.1	1 애플	63.9	1 애플	55.3
2 아마존	232.9	2 구글	26.3	2 구글	30.7
3 구글	136.8	3 페이스북	24.9	3 페이스북	22.1
4 페이스북	55.8	4 아마존	12.4	4 아마존	10.1

참조 : 각 기업의 재무제표 〈10K〉를 근거로 저자가 작성

세계 경제는 하루가 다르게 변화하고 있기 때문에 애플도 그에 발맞춰 과거와는 다른 방향으로 경영해야 한다. 2019년, 아이폰의 판매 대수는 횡보하고 있으며 그 이상 증가하지 않는다는 말이 들려오는 상황이므로 당연히 '스마트폰 시장은 이미 포화 상태이니까 이익이 별로 나지 않을지도 몰라'라는 의문이 들 수 있다.

　그런데 실상을 확인해보면 아이폰의 매출은 거의 10년이 지난 지금도 애플 전체 이익에서 중심을 지키고 있다. 1장의 '시장점유율이 탁월하다'에서도 언급했지만 아이폰의 이익률도 상당히 높은 편이다.

　현재 애플의 제품별 매출 비율은 아이폰에 아이패드와 맥을 합치면 전체의 약 70%를 차지하면서 애플의 강력함을 탄탄하게 받쳐주고 있다.

　근년 들어 애플의 매출 비율은 약간 변화했다. 115쪽 표는 애플의 손익계산서인데 수입(NET)의 상세 내역을 보면 제품의 매출이 감소하고 서비스 항목이 증가했다는 것을 알 수 있다. 수입은, 예를 들어 반품 등이 있었을 때 그만큼을 차감하고 계상되는 금액이라고 생각하자. 서비스Service 비율은 2013년의 2배 가까이 늘었다. 지금은 아이패드와 맥을 제치고 아이폰 다음으로 많은 수익을 내고 있다. 특히 아이클라우드, 애플뮤직, 애플 뉴스와 같은 서브스크립션 서비스는 서비스 사업의 대부분을 차지하며 무서운 기세로 점유율을 늘리고 있다. 2019년 말 4억 8,000만 명의 정기구독자paid subscriptions를 확보했으며 2020년 말에는 6억 명을 목표로 한다고 한다.

　그러므로 다음 가설은 틀리다는 것을 알 수 있다.

- 주로 제품을 만드는 기업일 거야

서브스크립션 서비스Subscription service란 상품이나 서비스를 구매하는 대신 이용 기간에 따라 돈을 지불하는 비즈니스모델이다. 최근에는 자동차 등도 서브스크립션 서비스로 제공되면서 소유에서 이용으로 바뀌는 시대상을 잘 반영하고 있다.

제품이라는 하드웨어 판매가 중심이었던 애플이 서서히 서비스 사업으로 방향을 전환하고 있는 것은 앞으로 주목해야 할 지점이다. 그런데 지금도 지속적으로 매출을 내고 있는데 왜 굳이 서비스 사업을 하려는 것일까? 아마도 아이폰을 비롯한 제품 판매 비중이 서서히 축소되고 있는 것이 크게 영향을 미치는 듯하다.

따라서 여러분이 앞서 가졌던 의문 중에서 다음 질문은 맞는 것일 수도 있다.

- 화웨이나 삼성전자한테 밀려서 판매 대수가 줄어들지 않았을까?

애플의 손익계산서

(100만 달러)	2018.9.29	2019.9.28
수입		
제품	225,847	213,883
서비스	39,748	46,291
수입(net) 총계	265,595	260,174
매출원가 :		
제품	148,164	144,996
서비스	15,592	16,787
매출원가 총계	163,756	161,782
① **매출총이익**	101,839	98,392
영업비용 :		
연구개발비용	14,236	16,217
판매비 및 일반관리비	16,705	18,245
영업비용 총계	30,941	34,462
② **영업이익**	70,898	63,930
기타수입(비용)	2,005	1,807
③ **법인세차감전이익**	72,903	65,737
세금비용	13,372	10,481
④ **당기순이익**	59,531	55,256

참조 : 애플의 재무제표〈10K〉를 근거로 저자가 작성

재고자산이 극도로 적다

→ BS

● 재고자산이 많을 것 같아

다시 한번 애플의 재무상태표를 보면 재고자산Inventory이 적다는 특징이 보인다. 재고자산은 간단히 말하면 상품의 재고다. 그런데 총자산 중 재고자산이 약 1%에 그친다. 애플의 자산 규모를 감안하면 비정상이라고 해도 좋을 정도로 적다.

예를 들어 독자 여러분이 물건을 파는 사업을 했다고 하자. 그때 재고가 너무 많으면 그것을 전부 판매할 때까지 시간이 꽤 걸릴 것이다. 반대로 너무 적으면 매출을 올릴 기회를 놓칠 수도 있다. 애플은 매출과 이익 모두 세계 최고봉이면서도 재고가 연간 회전하는 횟수를 나타내는 재고회전율Inventory Turnover을 놀라울 정도로 높이는 데 성공했다.

재고회전율은 다음과 같이 계산한다.

$$\text{재고회전율(회)} = \frac{\text{매출원가}}{\text{재고자산}}$$

이 재고회전율은 매입에서 매출까지의 재고 기간을 측정한 것인데 재고를 창고에서 잠자게 두지 않고 효율적으로 돌리고 있는지 판단하는 지표이기도 하다. 이 수치가 낮으면 재고 체류 기간이 길다는 뜻이므로 효율적인 재고 관리가 되지 않고 있다고 볼 수 있다.

다만 '수치가 크다 = 좋다'라고 단정 지을 수 있는 것은 아니다. 수치가 크면 재고가 부족할 가능성도 크기 때문이다. 애플은 1995년 당시, 350개나 되는 제품 수를 10종류로 줄임으로써 관리 부담을 줄였다. 거기에 드는 노동력을 고품질 제품 개발로 이동시킨 것이다. 또 디바이스 제조 중 상당수를 외부에 위탁해 과잉 재고를 갖지 않는 식으로 운영하고 있다.

다음 그래프는 도요타와 애플의 재고회전율이다.

애플과 도요타의 재고회전율 비교

참조 : 각 기업의 재무제표를 근거로 저자가 작성

비즈니스스쿨의 교과서에도 나오는 '간판 방식'을 개발한 도요타는 재고를 최소한도로 유지하기로도 유명하다. 그러나 애플의 재고 회전율은 도요타조차 혀를 내두를 정도로 낮다.

팹리스에서 설비투자형으로의 변화

→ 재무상태표

이어서 다음 의문에 대해 답해보자.

● 제품을 만드니까 설비 투자도 꽤 하겠지?

아마 현재의 애플을 생산설비를 갖지 않고 반도체 설계만 하는 팹리스fabless 회사로 오해하는 독자도 많지 않을까? 물론 2010년 이전의 애플은 제품의 질과 원가를 엄격하게 관리하며 서플라이 체인을 통제해왔다. 그런데 2010년을 기점으로 공작기계와 제조장비에 거액을 쏟아붓기 시작했다. 그때까지 애플의 투자는 애플 스토어나 데

애플의 설비 투자 추이gross (10억 달러)

	2015	2016	2017	2018	2019
토지와 건물 외	12.22	16.7	20.87	24.42	26.16
기계, 부품, 기기	37.04	44.54	54.21	65.98	69.80

참조 : 애플의 재무제표 〈10K〉를 근거로 저자가 작성

이터센터 등에 한정되어 있었고 금액도 그리 크지 않았다. 그러나 2015년부터 2019년 사이에 두 배 이상의 설비 투자를 하는 기업으로 변모했다.

다만 이것은 단순한 설비 투자 시스템이 아니라는 점에 유의하자.

예를 들어 공작기계를 생각해보자. 애플은 기계를 대량으로 구매해 협력업체에 제조 '레시피'와 함께 기계를 대여하는 형태를 취하고 있다. 또 업체가 애플 제품을 만들기 위해 전용 디바이스가 필요한 경우, 애플에서 투자 금액을 부담하는 형태를 취한다. 이로써 애플은 수요 변동이 극심하고 불확실성이 강한 스마트폰·태블릿 시장의 제품 제조 증감 리스크에 대해 유연성을 가질 수 있으며, 또 제조업체 측에서도 리스크가 큰 설비 투자를 애플이 부담함으로써 재무상 위험을 회피할 수 있다.

소니의
재무제표

다음으로 소니의 재무제표를 보자.

소니에 대한 가설이나 의문은 다음과 같았다. 이에 관해 재무제표
를 이용해 조사해보자.

- 이제 제품 제조가 중심 사업은 아닐 거야
- 소프트웨어 콘텐츠에 주력하는 걸까?
- 매출은 증가하고 있는 것 같아

소니

다각화 전략을 적용한다

→ 유보·사업 영역별 정보

애플의 수익은 대부분 아이폰에서 생긴다. 즉 아이폰에 집중하는 전략을 펼치고 있다. 반면 소니는 사업 다각화 경영을 추진한다. 103쪽에서 소개한 사업 영역에서 소니의 주요 사업은 현재 8가지로 구성된다.

과거 소니는 이 8가지 이외에도 'TV 사업'이나 'PC 사업'이 있었다. 그러나 최종적으로 이 두 사업 부문을 정리했다. 2012년에 취임한 히라이 가즈오平井一夫 사장이 앞으로 살아남기 위해 선택과 집중을 한 것이다. 그가 사장으로 취임한 뒤, 소니의 매출은 증가했다.

게임 및 네트워크 서비스Game&Network Services, 반도체Semiconductors, 금융 서비스Financial Services와 같은 사업에 선택과 집중을 한 결과, 이 사업들은 지금 소니의 이익 창출원이 되었다. 예를 들어 스트리밍 게임에서는 마이크로소프트와 협업을 하고 반도체 이미지센서에서는 애플, 화웨이 등에 스마트폰 센서를 제공함으로써 높은 이익률을 유지하고 있다. 그러나 가정용 오락기기Home Entertainment와 애니메이션 제작사 소니픽처스는 이익률이 높은 사업은 아니다.

이런 특징을 보면 아래 가설이 맞는 것 같다.

- 이제 제품 제조가 중심 사업은 아닐 거야

차입금을 레버리지로 한 자산 투자

→ 재무상태표

앞서 말한 대로 소니의 2018년도까지의 주요 사업은 게임 및 네트워크 서비스, 반도체, 금융 서비스였다. 그리고 소니는 최근 몇 년간 부채Liabilities를 상당히 늘렸다. 2015년과 비교하면 약 20% 증가했다.

그 이유 중 하나는 소니의 재무 서비스 부문인 소니생명과 소니손해보험 사업이 호조를 보이면서 이용자를 대상으로 한 책임준비금 등의 비유동부채가 증가했기 때문이다.

123쪽 그림과 같이 이 두 가지가 비유동부채의 80%를 넘는 비율을 계상했음을 알 수 있다. 장래 지급해야 하는 돈은 통상적으로 재무상태표상의 비유동부채로 계상된다.

또 유동부채 내의 단기차입금이 2014년부터 2018년까지 700% 가까이 상승한 점이 눈길을 끈다. 단기차입금 내역을 보면 그 원인은 소니생명이 환매 조건부 채권매매repurchaser agreement, 레포 거래의 채권 대출처로부터 담보예금이 증가했기 때문이다. 레포 거래란 현금을 담보로 채권을 대출하는 채권 거래를 말한다. 빌리는 쪽은 여러 가지 이유가 있어서 채권을 빌리는데 채권을 빌려주는 쪽은 보유채권을 빌려줌으로써 품질료를 벌 수 있다.

일본은행의 대규모 금융완화 정책 이후 채권시장에서는 어느 회사든 운용난에 직면했다. 이 때문에 소니생명은 자신이 보유한 채권을 빌려줌으로써 임대료를 버는 전략에 나선 것이다.

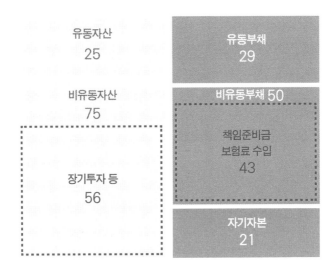

유동자산
25

유동부채
29

비유동자산
75

비유동부채 50

책임준비금
보험료 수입
43

장기투자 등
56

자기자본
21

참조 : 소니의 재무제표를 근거로 저자가 작성

또 총자산의 장기투자비율이 56%를 차지한다. 유가증권에 대한 투자가 중심이며 상업적인 음악 스트리밍 서비스인 스포티파이 Spotify에 투자한 것 등을 들 수 있다.

그런 한편 가전제품이나 그 장비 제조를 위한 설비 투자, 즉 유형자산에 대한 투자는 감소하는 추세다.

매출은 횡보 상태, 이익률은 개선

→ 손익계산서

그다음으로 아래 가설에 관해 생각해보자.

● 매출은 증가하고 있는 것 같아

소니의 영업이익 (100만 엔)

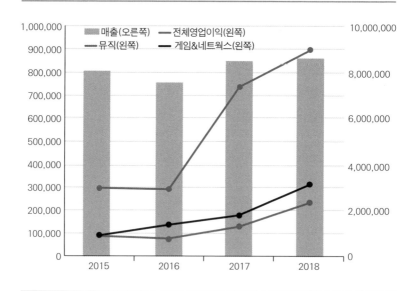

	2015	2016	2017	2018
전체 영업이익	294,197	288,702	734,860	894,235
게임&네트웍스	88,668	135,553	177,478	311,092
뮤직	86,509	75,798	127,786	232,487

참조 : 소니의 재무제표를 근거로 저자가 작성

과거 몇 년간 소니의 매출을 살펴보면 횡보 상태임을 알 수 있다. 그러나 영업이익은 개선되었다. 게임 및 네트워크 서비스와 뮤직 부문의 영업이익이 상승했기 때문이다.

특히 게임 사업을 살펴보면 소프트웨어를 만드는 것뿐 아니라 인터넷을 이용한 서브스크립션형(월정액 구독료를 내고 자유롭게 서비스를 사용할 수 있는 시스템) 서비스를 함으로써 이익률을 높였다. 또 음악 사업에서도 소니뮤직에 소속된 아티스트의 악곡이 스포티파이나 애플뮤직의 서브스크립션 서비스를 통해 재생되게 함으로써 이익이 증가했다고 생각할 수 있다. 즉 다음 질문에는 이익 향상을 동반해 소프트웨어 콘텐츠에 주력하고 있다고 생각해도 될 것 같다.

● 소프트웨어 콘텐츠에 주력하는 걸까?

10K의 내용에 도전해보자

여기에서는 전기자동차를 제조하는 테슬라Tesla를 예로 들어보자. 10K를 이용해 어떤 항목이 기재되어 있는지 개요를 소개하겠다. 영어 용어를 많이 읽을 필요는 없다. 중요한 곳을 선별해서 확인하면 된다.

그러면 수치뿐 아니라 지금의 비즈니스 상황에 관해 깊은 지식을 얻을 수 있다. 다만 끝까지 파고들겠다가 아니라 어디에 무엇이 기재되어 있는지 알아보려는 감각만으로도 충분하다. 예를 들어 그 문장의 제목이나 부제목에서 내용을 상상하자. 여기에서는 그냥 읽어보면 비즈니스를 알 수 있는, 분석에 빈번하게 쓰이는 항목을 기재했다. 참고하도록 하자.

Part I

Item 1 Business

제품 및 서비스의 개요나 R&D, 특허 등에 관해 언급한다.

이 항목은 그 기업의 제품과 서비스 그리고 이용되는 기술 등을 설명한다. 예를 들어 테슬라의 제품은 자동차 모델 S와 모델 X, 모델 3 등의 자동차 본체Vehicles, 에너지 저장 시스템Energy storage, 태양광 시스템Solar energy system 인데, 그에 관해 소개하고 관련 기술 및 제조를 다룬다.

Item 2 A Risk Factors

그 기업이 직면할 가능성이 있는 위험 요인에 관해 나열한다.

이것은 어느 기업이나 비슷하다. 예를 들어 테슬라의 경우, 생산·비용·매출의 각 관점에서 외부 환경의 변화와 서플라이 체인(공급망)의 영향을 받으면 목표 달성이 곤란해져 그것이 브랜드 훼손으로 이어질 가능성이 있음을 설명한다.

당연히 아직 알 수 없는 잠재적 리스크도 있는데 경영자가 그것을 파악하고 있다고 명확히 기술했다.

Part II

Item 6 Selected Financial Data

현재까지 몇 년간의 주요 회계 데이터를 요약했다.

Item 7 Management's Discussion and Analysis of Financial Condition and Results of Operations[통칭 MD&A]

경영진이 생각하는 현재의 경영 상황과 운영 결과에 관해 정량적이고 정성적으로 분석해 소감을 기재했다. 어느 기업이든 그 부분에 대해 상당한 양을 할애한다. 또 이는 투자자가 기업 실적의 트렌드를 파악할 때 중요한 부분이기도 하다. 기업의 증권 발행 서포트나 어레인지를 하는 투자은행에는 기업실사Due Diligence라는 부서가 있으며 기업의 경영 상황을 확인하기 위한 자료로 MD&A를 이용한다.

테슬라는 사업 영역별로 매출과 매출총이익을 산출해서 재무정보 내의 각 비용 항목의 추세와 경향을 설명한다.

TESLA, INC.
ANNUAL REPORT ON FORM 10-K FOR THE YEAR ENDED DECEMBER 31, 2018
INDEX

참조 : 테슬라의 홈페이지

Item 8 Financial Statements and Supplementary Data

재무상태표, 손익계산서, 현금흐름표에 관한 상세 내용이 기재된다. 이 책에서 다루는 재무제표와 데이터 등은 이 내용을 근거로 작성했다. 재무상태표, 손익계산서, 현금흐름표의 각 항목에 관해서는 주석이 있기 때문에 거기에서 상세한 내용을 얻을 수 있다.

4장

아마존 vs 라쿠텐

4장은 전자상거래를 주요 업종으로 삼은 아마존과 라쿠텐의 비즈니스를 비교 분석하겠다. 소매 유통업은 시대와 함께 변했다. 예전에는 점포의 입지가 기업가치를 결정하는 주요 요소였지만 지금은 오프라인 점포를 갖지 않아도 기업가치를 향상시킬 수 있다. 두 기업 모두 오프라인 점포를 보유하지 않는 비즈니스모델을 채택했다. 그리고 규모와 인지도, 비즈니스모델 등 많은 점에서 차이를 보인다. 그렇더라도 두 기업을 재무제표로 비교한 뒤 아마존의 강점이 어디에 있는지 분석하는 것은 의미 있는 일일 것이다.

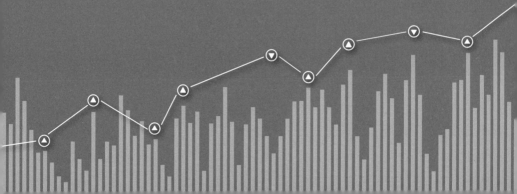

아마존과
라쿠텐

아마존과 라쿠텐樂天의 매출은 일본 국내에서는 큰 차이가 없지만, 해외 규모까지 합치면 아마존이 훨씬 크다. 먼저 아마존과 라쿠텐의 비즈니스 영역을 살펴보자.

아마존과 라쿠텐의 주요 비즈니스

아마존	라쿠텐
• EC직판	• EC직판[라쿠텐시장]
• EC마켓플레이스	• EC마켓플레이스
• 아마존 프라임 (서브스크립션)	• 라쿠텐에디Rakuten Edy
• 아마존고Amazon Go	• 라쿠텐카드
• AWSAmazon Web Service	• 라쿠텐은행
• 킨들Kindle	• 라쿠텐증권
	• 모바일용 심칩

EC 비즈니스는 크게 2가지 유형으로 나뉜다. 주로 자사의 상품을 재고로 두고 판매하는 쇼핑몰 유형(직판형)과 재고를 보유하지 않고 여러 점포가 모여서 일종의 상점가를 형성하는 유형(마켓플레이스형)이다.

직판형EC는 상품을 판매해서 매출을 올린다. EC 사이트를 운영하는 기업이 사이트에서 집객과 결제, 판매 관리, 배송 등 모든 과정을 하는 것이 일반적이다. 일본에서는 요도바시컴, 아스쿨 등이 직판형 EC에 해당한다.

마켓플레이스(서드 파티 셀러Third Party Seller*)형 EC는 사이트에 점포를 내지 않는 기업(테넌트나 서드 파티 셀러)으로부터 입점료를 받고 매출을 올린다. 이 경우 EC 사이트 운영 기업이 사이트에서 고객 접속과 결제 행위를 일으켜, 테넌트 측이 판매 관리와 배송을 담당하는 구조다.

마켓플레이스형에는 야후 쇼핑이나 조조타운ZOZOTOWN**, 프리마켓에는 야후 옥션이나 메루카리メルカリ 등을 들 수 있다.

그리고 직판형을 축으로 마켓플레이스형을 추가한 것이 아마존이다. 순수한 마켓플레이스형은 라쿠텐이라고 생각하면 된다.

이 두 유형의 EC 비즈니스가 사업을 확대하는 데 필요한 핵심 요인이 몇 가지 있다.

직판형 EC 비즈니스는 규모의 경제Scale of Economics가 필요하다.

● 아마존의 플랫폼을 이용하는 독립된 판매자를 뜻한다.
●● 일본의 유명 해외 브랜드 의류 잡화 등이 모여 있는 대규모 쇼핑몰.

직판형 비즈니스는 매입을 얼마나 저렴하게 하느냐에 따라 수익의 액수가 좌우되기 때문이다. 그래서 대량 매입을 통해 할인율을 최대한 올려서 판매하는 식으로 비즈니스를 한다.

한편 라쿠텐과 같은 순수한 마켓플레이스형 EC 비즈니스는 이미 언급했던 네트워크 외부성Network Externality이나 네트워크 효과Network Effect가 필요하다. 쇼핑몰의 테넌트가 적으면 상품 라인업이 빈약해지고 소비자는 몰 자체에 매력을 느끼지 못할 것이다. 또 마켓플레이스형은 임차료로 비즈니스가 성립하기 때문에 점포 감소는 곧 수입 감소로 이어진다. 이 때문에 매력적인 사이트 운용을 할 수 없게 된다. 제품과 서비스의 가치가 이용자 수에 의존하는 것이 마켓플레이스형 EC 비즈니스이며 많은 사람이 이용할수록 이용 편의성이 향상된다.

다음은 아마존과 라쿠텐의 역사를 알아보자.

아마존 스토리

전 세계인이 이용하는 아마존. 그런 의미에서 쇼핑의 모든 것을 지배하고 있다고 해도 과언이 아니다.

창업자인 제프 베조스는 프린스턴대학에서 컴퓨터공학을 전공한 뒤, 월스트리트에서 금융기관의 시스템 개발에 종사했다. 그러다가 1995년에 아마존을 창업했다. 처음에는 온라인 서점으로 EC 비즈니스에 진입했다.

당시 EC 시장은 일반적으로 규모를 확대하기 어렵다고 인식되었다. 여전히 사람들은 '물건을 직접 보고 난 뒤 산다'는 의식이 강했기 때문이다. 사람들의 생활습관을 바꾸기는 어려운 일이었고, 설령 이용자의 마음이 변했다 해도 무료 웹사이트를 이용해 수익을 올리는 것monetize은 더욱 문턱이 높았다. 또 EC 시장은 초기 시스템 구축 비용이 들었고(오프라인 점포도 비용은 발생하지만) 인지도를 높이기 위한 광고비가 발생해서 이익을 창출하기 어려운 것도 단점이었다.

그러나 그런 우려를 뒤로하고 아마존은 창업 2년 뒤인 1997년에 나스닥NASDAQ에 상장했다. 그 뒤 아마존은 무서운 속도로 발전했으며 지금도 전력 질주 중이다.

아마존의 강점은 제프 베조스라는 대담하고 독특한 경영자에게 있다. 그는 무엇보다 혁신에 강렬한 열정을 쏟는다. 전략도 당연히 중요하지만 실행하지 않는 전략은 뜬구름 잡는 소리에 불과하다고 생각한다. 베조스에게는 전략을 실행시키는 강한 열정이 있다. 보통 혁신은 일으키려고 해서 일으킬 수 있는 것이 아니다. 혁신(또는 파괴적인 신규 사업)은 기존 업계나 사업구조를 극적으로 바꾸기 때문이다. 파괴적 혁신에 의해 신규 사업이 기존 사업의 시장을 잠식하는 결과를 일으켜Cannibalization 회사 내부에서 힘의 균형이 무너지기도 한다. 그러므로 파괴적인 신규 사업은 원래 만들기 힘든 것이다.

그런데 베조스는 그런 결과에 아랑곳하지 않았다. 혁신을 위해서라면 신상품(사업)으로 인한 자기잠식을 두려워하지 않았고 주저하지 않았다. 그 좋은 예가 킨들Kindle이다. 베조스는 기존 아마존 서적 사업부의 담당 간부를 킨들을 판매하는 전자서적 부문으로 이동시키고 나서 그에게 이렇게 말했다.

> "자네가 할 일은 과거에 해왔던 사업을 산산조각 내는 것일세. 물리적인 책을 파는 사람들의 일자리를 하나도 남김없이 없애버리겠다는 각오로 일해주게."
>
> _《아마존, 세상의 모든 것을 팝니다 : 아마존과 제프 베조스의 모든 것》, 브래드 스톤 지음

사내 갈등을 우려해 소소한 개혁을 지속적으로 하는 방식에 익숙한 일본 기업은 GAFA에 대항할 수 있는 혁신을 할 수 없는 상황이다. '자사 제품을 파괴해도 상관없다'는 베조스의 각오가 지금의 아마존을 만들지 않았을까.

또 그의 혁신에 대한 열정 외에도 시스템 구축을 주요 성공 요인으로 꼽을 수 있다. 많은 고객이 아마존에 모임으로써 공정하고 적확하게 저렴한 상품과 서비스를 제공할 수 있게 되었다.

예를 들어 아마존의 이용자가 이용할 수 있는 기능은 다음 3가지다.

- 고객 리뷰
- 추천 기능
- 마켓플레이스

아마존의 대표적인 기능

고객 리뷰	이용자는 이 기능으로 타인의 행동을 파악할 수 있다. 당연히 많은 이용자가 고객 리뷰 기능을 이용하면 신뢰할 수 있는 사이트가 된다. 이로써 27쪽에서 소개한 '혁신 이론'에서의 보수주의자와 지각 수용자가 구매 결정 시간을 줄였다.
추천 기능	구매 이력을 바탕으로 이용자의 취향에 부합한 상품을 웹사이트나 이메일로 추천한다. 예를 들어 '함께 구매된 상품'이나 '이 상품을 산 사람은 이런 상품도 샀습니다' 등 다른 상품을 소개해서 구매 행위를 촉진한다.
마켓플레이스	이용자와 중고 상품 등의 판매자를 연결하는 장소를 제공함으로써 이용자에게 비교적 저렴한 상품을 제공한다.

아마존은 이 기능을 이용해 EC 비즈니스를 확대해갔다.

아마존의 확장력은 경쟁사나 주식시장에 대단한 영향을 미쳤다. 이것을 아마존 효과Amazon Effect라고 한다. 최근에 벌어진 일로는 일본에서도 인지도가 높은 토이저러스가 파산한 일을 들 수 있다. 아마존이 자사 사이트에서 완구용품을 판매하자 오프라인 점포인 토이저러스의 고객들이 편리한 아마존으로 옮겨가서 벌어진 일이다.

또 미국 최대의 종합 스포츠용품점 스포츠 오소리티Sports Authority가 파산한 것이나 미국 최대 백화점업체 메이시스Macy's가 2016년 약 100개 점포의 문을 닫은 것도 아마존 효과 때문에 발생했다고 생각된다. 아마존은 이제 소매업이 아닌 모든 사업을 전개하는 에브리싱 컴퍼니Everythiiig company가 되고 있다.

미국의 투자정보 기업인 베스포크 인베스트먼트 그룹Bespoke Investment Group, https://www.bespokepremium.com/은 2012년에 아마존 공

포 종목 지수Death by Amazon Index$^{•}$를 공표했다. 이것은 아마존의 실적이 상승함에 따라 악영향을 받는 기업 종목을 모은 주가지수로 아마존이 기업 생태계에 미치는 영향력이 어마어마하다는 것을 증명하는 지수다.

이 리스트에 채택되는 조건은 '인터넷이 아닌 오프라인 점포에 축을 두고', '판매하는 상품도 타사가 제조한 것을 판매하는 비즈니스'이며 또한 'S&P500과 S&P소매 셀렉트 지수에 채택된 기업'이 대상이다. 2017년 시점에 공표된 대표적인 종목은 다음과 같다.

- 월마트 – 소매업
- 코스트코 – 소매업
- 메이시스 – 백화점
- J. C. 페니 – 백화점
- 오피스디포 – 문구 할인점
- TJX – 생활용품 할인매장

2017년에 아마존이 미국의 고급 슈퍼마켓인 홀푸드 마켓 인수를 발표했을 때는 아마존 공포 종목 지수가 한때 320억 달러나 하락했다고 일본 언론에서도 대대적으로 보도되었다.

- 베스포크 인베스트먼트 그룹은 2017년, 아마존 생존자 지수Amazon Survivors Index를 공표했다. 아마존 공포 종목 지수와 정반대 지표로 아마존 효과의 영향을 받기 어려운 기업군이다. 이 지수에 포함된 기업으로는 '홈디포Home Depot'가 포함되어 있다. 제품 판매뿐 아니라 제품의 배달 설치와 같은 고객 서비스를 제공하기 때문이다.

서론이 길어졌는데, 아마존은 성장 과정에서 다양한 제품과 서비스를 개발했고 때로는 대규모 인수를 하면서 그 지위를 확립해왔다.

라쿠텐 스토리

라쿠텐의 역사는 1997년, 현 사장인 미키타니 히로시三木谷 浩史가 라쿠텐의 전신인 주식회사 엠디엠을 설립하면서 시작했다. 라쿠텐이 운영하는 '라쿠텐시장'은 오다 노부나가가 정책으로 내건 '라쿠이치라쿠자楽市楽座'라는 이름에서 유래했다. 라쿠텐시장은 인지도가 압도적으로 높은 사이트이며 아마존과 같은 수준으로 이용하는 사람이 많은 EC 사이트다. 실제로 라쿠텐은 일본 국내로 한정하면 아마존과 비슷한 실적을 거두고 있을 정도로 많은 이용자가 이용한다. 라쿠텐은 취급하는 상품의 폭이 넓고 EC뿐 아니라 우리 생활에 직결된 서비스(금융, 보험, 여행 등)를 함께 제공해 편의성이 높다는 점도 인기 요인이다.

라쿠텐은 1997년 창업 이래 인수를 통해 꾸준히 사업을 확장하면서 2000년에 장외시장에 상장해 지금에 이르렀다.

창업 당시에는 고전을 면치 못했던 라쿠텐이지만 매수뿐 아니라 매도하는 출점자를 지원하는 체제를 마련함으로써 비즈니스를 본궤도에 올렸다. 라쿠텐의 직원들이 전국 각지를 돌아다니면서 몰에 출점할 후보 경영자(생산자)와 직접 만나 이야기를 듣고 인터넷 쇼핑몰 제작이나 판매 촉진 서포트를 정력적으로 하면서 신뢰를 얻는 데 성공했다. 그런 뒤 라쿠텐은 출점 점포 수를 확대했다. 당연히 출점자가 증가하면 품목이 풍부해지기 마련이다. 그러면 매수자 측이 보기에도 라쿠텐시장의 매력이 커진다.

라쿠텐의 비즈니스모델은 라쿠텐시장이라는 온라인 숍으로 고객을 모아서 '라쿠텐 슈퍼 포인트'라는 로열티 프로그램을 통해 라쿠텐 회원을 가입시켜 구매를 촉진하는 구조다. 그리고 최종적으로는 생활에 필요한 전반적인 품목을 취급해 라쿠텐 한곳에서 쇼핑을 완결할 수 있는 서비스를 지향한다. 이런 에코 시스템(기업 생태계)을 확장한 결과 네트워크 외부성이 발휘되면서 소비자의 편의성이 더욱 증가했다. 이를 위해 EC에서의 취급 상품을 확대해 은행, 결제, 투자 등의 재무 서포트(핀테크)를 충실하게 하는 것이 사업의 핵심이 되었기 때문이다. 물론 회원 수가 증가하면 그 회원에게 광고 홍보

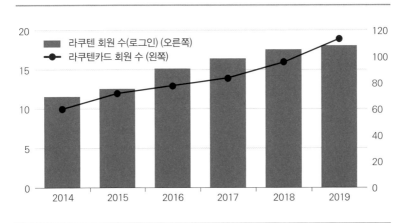

라쿠텐 회원 수와 카드 회원 수 (100만 명)

참조 : 라쿠텐 결산 설명회 자료를 근거로 저자가 작성

를 하고 싶은 기업들이 모이기 때문에 비즈니스 기회가 그만큼 늘어난다.

앞쪽의 그림은 라쿠텐의 결산 설명회 자료에서 발췌한 데이터인데, 라쿠텐카드 회원 수는 우상향을 그리며 꾸준히 증가하고 있다. 2014년 7월에는 1,000만 명이었지만 2019년 8월에는 1,800만 명까지 증가했다. 또 라쿠텐 ID의 회원 수도 증가하고 있다.

라쿠텐 비즈니스 개요

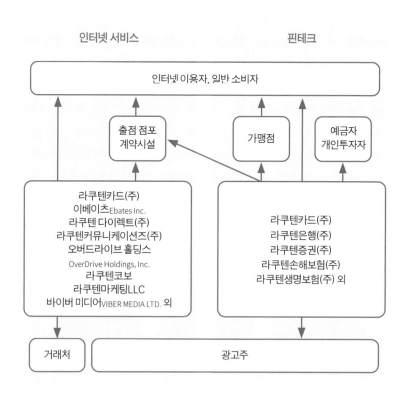

참조 : 라쿠텐 2018년 유가증권보고서를 근거로 저자가 작성

사회경제 상황이 변할 때마다 라쿠텐은 다양한 비즈니스를 전개해왔다. 그렇다면 '지금 라쿠텐 비즈니스의 주축은 무엇인지' 궁금해하는 사람도 적지 않을 것이다.

2018년도 유가증권보고서로 현재 라쿠텐의 비즈니스 개요를 파악해보자(왼쪽 그림).

중심에서 왼쪽이 EC를 포함한 비금융 비즈니스, 오른쪽이 인터넷을 통한 금융 비즈니스 핀테크이다. 양쪽 다 그림의 위쪽에 자리한 인터넷 이용자나 일반 소비자를 대상으로 비즈니스를 하는 것이다. 그리고 출점자와 가맹점이 라쿠텐시장이라는 포털사이트에 상품과 서비스를 제공하는 구조다.

또 이 그림에는 나오지 않지만 라쿠텐(주)에는 프로야구팀 도호쿠 라쿠텐 골든이글스와 호텔 전문 예약 사이트 라쿠텐 트래블 등도 포함되어 있다.

이를 통해 라쿠텐은 라쿠텐시장에 출점하기 위한 장소를 빌려주고 임대료를 얻는 마켓플레이스형 비즈니스를 하고 있음을 알 수 있다.

142쪽의 그래프는 라쿠텐의 점포 수와 일본 국내 EC 유통액(거래액)의 추이다. 점포 수는 순조롭게 늘고 있으며 그에 따라 유통액도 증가하고 있다. 2020년 2월 후반에 조사했을 때 라쿠텐의 점포 수는 5만 개를 넘어섰다.

다음으로 라쿠텐 비즈니스 개요도의 아래쪽을 보면 '광고주' 항목이 있는데 이것은 앞서 말한 라쿠텐의 광고 비즈니스다. 라쿠텐시장에 사람이 모일수록 광고 효과가 있다는 말이다.

실제로 라쿠텐은 광고 비즈니스를 적극으로 추진하는 듯하다.

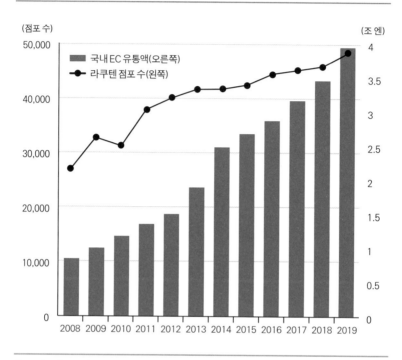

참조 : 라쿠텐 2018년도 유가증권보고서를 근거로 저자가 작성

156쪽에서 다룰 아마존처럼 광고 비즈니스의 높은 이익률을 노리고 진입하지 않았을까? 라쿠텐은 최근 모바일 사업에도 힘을 기울이고 있다.

라쿠텐의 IR 자료에도 '인터넷 서비스(커머스)', '핀테크'에 '광고'와 '모바일'을 더한 4가지 축의 비즈니스를 볼 수 있다.

라쿠텐의 주력 분야

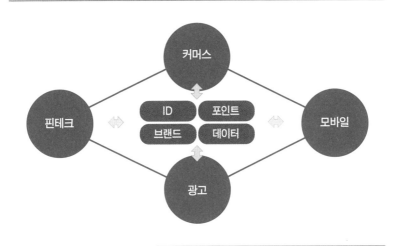

참조 : 라쿠텐 2018년도 통기 및 제4분기 결산 설명회 자료에 근거함

- 가설을 세우다 -
아마존과 라쿠텐의
이익 구조와 실적

지금까지 소개한 아마존과 라쿠텐의 스토리를 읽고 어떤 가설을 도출할 수 있을까? 두 기업의 비즈니스는 모두 우리 일상과 관련되어 있어 비교적 상상하기 쉽다. 다음은 아마존과 라쿠텐에 대한 가설과 의문이다.

앞에서도 이야기했지만, 라쿠텐은 재고를 갖지 않는 비즈니스모델, 아마존은 재고를 보유하며 판매하는 경우와 재고를 갖지 않고 매출을 올리는 비즈니스가 양립하는 모델이다. 따라서 재고 유무만으로도 재무제표의 수치에 차이가 보일 것이다. 그러면 매출이나 재고자산 등에 차이가 있을 거라는 것을 상상할 수 있다.

- 기업 규모가 크니까 매출액이 정체되었을 것 같아
- 기업 규모가 크니까 이익이 적지 않을까?
- R&D에 상당히 많이 투자하고 있을 거야
- R&D를 위한 자금은 어떻게 조달할까?
- 재고자산 부담이 상당할 것 같은데
- 수익원은 EC 이외에 무엇이 있을까?
- 소매업이지만 IT 기업이기도 하니까 직원들을 많이 뽑지 않을 것 같아
- 물류업을 장악하고 있을 것 같아

아마존

- 임대료가 주된 수익원일까?
- 핀테크는 어떤 사업을 말할까? 계속 성장하고 있나?
- 지금도 회원 수가 증가하고 있을까?
- 연구개발은 별로 하지 않을 것 같아
- 재고 부담이 없으니까 자산효율이 높을 것 같아

라쿠텐

다음으로 두 기업의 주요 재무제표 수치를 비교해보자.

일본의 EC 매출액만 한정 지으면, 2019년 6월 기준으로 아마존이 1.7조 엔, 라쿠텐(라쿠텐시장)이 2조 엔(추계)이었다. 일본의 EC 시

아마존과 라쿠텐의 주요 재무제표 수치 (2018년 말)

	아마존	라쿠텐
매출액 (100만 달러)	232,890	11,015
영업이익률	5.33%	15.47%
ROE	28.27%	19.52%
연구개발비(100만 달러)	28,840	95
자기자본비율	26.8%	10.6%

참조 : 각 기업의 재무제표 자료를 근거로 저자가 작성

장을 이 두 기업이 차지한 것이다. 글로벌 베이스로 생각하면 상당히 차이가 난다.

아마존의
재무제표

먼저 아마존을 살펴보자.

여러분이 생각했던 가설과 의문은 다음과 같았다.

아마존

- 기업 규모가 크니까 매출액이 정체되었을 것 같아
- 기업 규모가 크니까 이익이 적지 않을까?
- R&D에 상당히 많이 투자하고 있을 거야
- R&D를 위한 자금은 어떻게 조달할까?
- 재고자산 부담이 상당할 것 같은데
- 수익원은 EC 이외에 무엇이 있을까?
- 소매업이지만 IT 기업이기도 하니까 직원들을 많이 뽑지 않을 것 같아
- 물류업을 장악하고 있을 것 같아

이 의문점을 하나하나 짚어보기 위해 아마존의 경영상 특징을 살

펴보고 그 특징이 재무제표에 어떤 식으로 녹아 있는지 살펴보자.

다음은 아마존의 재무상태표다.

아마존의 재무상태표

(100만 달러)		2017.12.31.	2018.12.31.
자산			
	유동자산 :		
	현금 및 현금성자산	20,522	31,750
유동 자산	유가증권	10,464	9,500
	매출채권	13,164	16,677
	재고자산	16,047	17,174
	유동자산 총계	60,197	75,101
	비유동자산 :		
	장기증권투자	48,866	61,797
비유동 자산	유형자산	13,350	14,548
	기타 비유동자산	8,897	11,202
	비유동자산 총계	71,113	87,547
자산 총계		131,310	162,648
부채 및 자본			
	유동부채 :		
	매입채무	34,616	38,192
유동 부채	미지급비용	18,170	23,663
	선수금	5,097	6,536
	유동부채 총계	57,883	68,391

비유동부채	비유동부채 :		
	회사채	24,743	23,495
	기타 비유동부채	20,975	27,213
	비유동부채 총계	45,718	50,708
부채 총계		103,601	119,099
자기자본	자기자본 :		
	자기주식	-1,837	-1,837
	보통주	21,389	26,791
	내부유보	8,636	19,625
	기타포괄손익 누계액	-484	-1,035
	자기자본 총계	27,704	43,544
부채 및 자본 총계		131,310	162,648

참조 : 아마존의 재무제표〈10K〉

아마존의 특징 ①

매출은 많고 이익은 적다

→ 손익계산서

먼저 다음 가설에 관해 생각해보자.

- 기업 규모가 크니까 매출액이 정체되었을 것 같아
- 기업 규모가 크니까 이익이 적지 않을까?

아마존의 매출액은 어떻게 변화했을까? 150쪽 그래프를 보면 순조롭게 증가하고 있음을 알 수 있다. 동시에 아마존의 매출액은 맹

아마존과 도요타 자동차의 매출 이익 비교

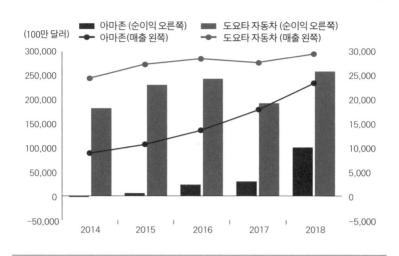

각 사의 재무제표에 근거해 저자가 작성함

렬한 기세로 도요타 자동차의 매출액을 따라잡으려 하고 있다.

더욱 주목해야 할 점은 아마존은 도요타와 같은 수준의 매출액으로 늘고 있는데 연간 20% 이상의 증가세를 보인다는 점이다. 일반적으로 규모가 클수록 매출액 증가율이 낮아지는 경향이 있는데 아마존의 매출액 증가율은 벤처기업 못지않게 쭉쭉 상승하고 있다.

그러나 2018년의 순이익을 비교해보면 도요타가 240억 달러인 데비해 아마존은 약 100억 달러로 별로 높지 않은 숫자임을 알 수 있다.

영업이익률을 봐도 매년 한 자릿수에 그친다(151쪽 표). 근래에 흑자로 전환했지만 창업했을 때부터 보면 2002년까지 적자였다. 서서히 이익이 늘고 있지만, 매출은 크고 이익이 적은 상황이라는 것에는 변함이 없다.

아마존의 영업이익률

	2014	2015	2016	2017	2018
영업이익률	0.20%	2.09%	3.08%	2.31%	5.33%

참조 : 아마존의 재무제표〈10K〉를 근거로 저자가 작성

이렇게 매출액이 많은데 이익이 나지 않은 기업이라면 주가가 신통치 않을 것 같겠지만 아마존은 다르다. 아래의 표는 아마존과 도요타의 시가총액Market Capitalization을 구한 것이다.

2020년 초 도요타의 시가총액이 약 2,000억 달러일 때 아마존은 9,250억 달러였다. 투자자는 당해 연도의 이익이 아닌 아마존의 장래성을 보고 투자했을 것이다. 아마존의 미래에서 어떤 가능성을 발견했을까?

아마존과 도요타의 시가총액

					(10억 달러)
	2014	2015	2016	2017	2018
아마존 시가총액	144.31	316.51	366.54	569.70	722.71
도요타 시가총액	197.35	194.24	199.26	191.72	169.30

참조 : 두 기업의 재무제표를 근거로 저자가 작성

이제 특징 ②로 그 이유를 설명하겠다.

아마존의 특징 ②

세계 제일의 R&D 비용

→ 손익계산서

특징 ①에서 언급한 아마존의 '박리'는 이른바 가격 경쟁에 빠진 '박리'가 아니다. 아마존의 경우 이익은 나고 있다. 그러나 아마존은 그 이익금을 향후 혁신과 성장 전략을 위해 매년 과감하게 투자하고 있다. 2019년 말 시점에서의 아마존의 연구개발비는 약 360억 달러에 이른다. 이 점을 생각하면서 다음 의문을 풀어보자.

● R&D에 상당히 많이 투자하고 있을 거야

2019년의 최신 데이터를 보면 아마존은 R&D에 대한 투자액이 세계 최고임을 알 수 있다. 투자처의 상세 내역은 공표하지 않았지만, AI와 시각정보처리와 같은 미래를 향한 사업 개발에 투자하고 있다.

베조스는 눈앞의 이익보다 장기적인 성장을 노리는 전략을 세우고 있음을 알 수 있다.

대표적 기업의 연구개발비 (2019년)

		R&D(10억 달러)
1	아마존	35.9
2	구글	26.0
3	마이크로소프트	16.8
4	삼성전자	16.3
5	애플	16.2
6	페이스북	13.6
7	인텔	13.4
8	폭스바겐	13.2

참조 : 각 기업의 재무제표 〈10K〉를 근거로 저자가 작성

수익의 원천은 AWS

→ 손익계산서

특징 ②에서 소개했듯이 아마존이 투자를 많이 하려면 이익률이 높아야만 한다.

먼저 아마존의 손익계산서에서 매출총이익률Gross Margin과 영업이익률 추이를 살펴보자. 각 항목의 수치 옆에 있는 수치는 매출에 대한 비율을 나타낸 것이다. 2018년 아마존의 매출총이익률은 26%이며 영입이익률은 5%였다.

아마존의 손익계산서

(100만 달러)		2017.12.31		2018.12.31
수입 총계	177,866	100%	232,887	100%
매출원가 :				
매출원가	111,934	63%	139,156	60%
풀필먼트Fulfillment●	25,249	14%	34,027	15%
매출원가 총계	137,183		173,183	
① 매출총이익	40,683	23%	59,704	26%
영업비용				
마케팅비용	10,069	6%	13,814	6%
연구개발비	22,620	13%	28,837	12%
판매비 및 일반관리비	3,674	2%	4,336	2%
기타 영업비용	214	0%	296	0%
영업비용 총계	36,577		47,283	
② 영업이익	4,106	2%	14,421	5%

기타 수입(비용)	-300		-1,160
③ 법인세차감전이익	3,806		11,261
세금비용	-769		-1,197
④ 당기순이익	3,033		10,073

참조 : 아마존의 재무제표 자료 〈10K〉를 근거로 저자가 작성

이제 다음 질문을 생각해보자.

● 수익원은 EC 이외에 무엇이 있을까?

아마존의 제품 및 서비스별 매출

(100만 달러)	2016.12.31		2017.12.31		2018.12.31	
매출						
1 온라인쇼핑	91,431	67%	108,354	61%	122,987	53%
2 실제 점포	-		5,798	3%	17,224	7%
3 마켓플레이스	22,993	17%	31.881	18%	42,745	18%
4 서브스크립션	6,394	5%	9,721	5%	14,168	6%
5 AWS	12,219	9%	17,459	10%	25,655	11%
6 기타	2,950	2%	4,653	3%	10,108	4%
합계	135,987		177,866		232,887	

참조 : 아마존의 재무제표 자료 〈10K〉를 근거로 저자가 작성

가장 비율이 큰 것은 온라인쇼핑(EC직판)이었다. 마켓플레이스형 비율이 낮아진 것은 서드 파티 셀러로부터 얻은 출점료만 기재했기

● 전자상거래 기업들이 '단순 배송'을 넘어 CS, 반품, 교환, 정산 등의 세세한 업무까지 맡아서 하는 시스템을 말한다.

때문이다.

한편 〈2019 Small Business Impact Report〉에 따르면, 2018년 서드 파티 셀러가 아마존을 통해 판매한 매출총액은 전년 대비 225% 증가한 1,600억 달러라고 한다. 실제로 아마존은 마켓플레이스형에 힘을 쏟고 있으며 자사의 창고를 입점 기업에게 사용료를 받고 빌려주면서 그들의 상품을 배송비 무료로 소비자에게 제공해 편의성을 높였다.

각 서비스의 연성장률YoY growth rate은 다음과 같다. YoY는 Year over Year의 약어로 연간 변화율을 나타낸다.

EC직판의 성장률은 낮지만 10% 이상을 유지하고 있다. 마켓플레이스는 30% 이상의 성장률을 기록했고, 아마존 프라임(서브스크립션)과 AWS는 연간 50% 가까이 증가했다.

그리고 그보다 더 성장률이 높은 서비스가 기타Others이다. 전체 매출 비율에서의 규모는 크지 않지만 상당히 빠른 속도로 증가하고 있다.

아마존의 제품 및 서비스별 성장률(%)

	2017	2018
매출		
1 온라인쇼핑	18.5%	13.5%
2 실제 점포	–	197.1%
3 마켓플레이스	38.7%	34.1%
4 서브스크립션	52.0%	45.7%
5 AWS	42.9%	46.9%
6 기타	57.7%	117.2%

참조 : 아마존의 재무제표 자료 〈10K〉를 근거로 저자가 작성

이 기타Otehrs의 정체는 광고 사업이다. Amazon.com이라는 플랫폼의 고객 확보력을 살려서 기업으로부터 광고를 모집하는 것이다. 아직은 광고 사업이 주축은 아니지만 이익률이 높다는 의미에서 아마존의 이익을 받쳐주는 중요한 사업으로 성장하고 있다.

자, 그러면 여기에서 주목해야 할 것은 아마존의 AWS가 대단한 이익률을 내고 있다는 점이다. 원래 AWS는 자사를 위해 개발한 클라우드 컴퓨팅(간단히 말하면 서버 대여)이었는데, 그것을 타사(법인)에도 서비스로 제공(전용)한 것이다. 그러면 비용을 많이 들이지 않고도 AWS 개별 매출 256억 달러에 28%라는 높은 영업이익률을 얻을 수 있다.

AWS가 약진한 계기는 2010년, 넷플릭스Netflix 도입이었다. 넷플릭스는 대용량 동영상을 전 세계로 발신할 수 있는 안정적인 시스템이 필요했고 AWS가 그 수요에 부응할 수 있었다.

다음 표는 영업이익에 대한 AWS의 기여도를 나타낸 것이다.

44쪽의 표에서 봤듯이 전체 사업의 매출 비율로 생각하면 AWS의 비율이 높은 편은 아니다(11%). 그러나 전체 영업이익에 대한 AWS의 비율은 약 60%으로 대단히 높다.

아마존의 사업 영역별 영업이익 (100만 달러)

	2016	2017	2018
1 북미	2,361	2,837	7,267
2 해외	-1,283	-3,062	-2,142
3 AWS	3,108	4,331	**7,296**
영업이익	4,186	4,106	12,421

참조 : 아마존의 재무제표 〈10K〉를 근거로 저자가 작성

풍부한 잉여현금흐름

→ 현금흐름표

다음 의문을 생각해보자.

● R&D를 위한 자금은 어떻게 조달할까?

앞에서 이야기했듯이 베조스의 전략은 '눈앞의 이익률보다는 장기적인 성장'이다. 그 성장의 원천이 R&D에 대한 투자라고 설명했다. 그러면 'R&C의 투자 비용을 어떻게 마련할까?'라는 다음 의문이 이어질 것이다. 그 힌트는 잉여현금흐름에 있다. 베조스는 '이익률보다 장기 잉여현금흐름FCF의 최적화'를 중시한다. 재무제표상에도 잉여현금흐름에 대한 통제가 두드러진다.

다음은 아마존의 결산 안내인 Item7-MD&A에서 발췌한 내용이다.

> Our financial focus is on long-term, sustainable growth in free cash flows.(우리가 재무에서 중시하는 것은 장기적으로 지속가능한 잉여현금흐름이다.)

이미 69~71쪽에서 언급했지만 잉여현금흐름은 본업이 벌어들인 영업활동현금흐름에 사업에 대한 자본 투자인 투자활동현금흐름을 더한 수치다.

아마존에서 이 잉여현금흐름의 수준은 KPIKey Performance Indicator
로 설정되어 있으며 10K의 서두에서 잉여현금흐름의 최적화와 효율
화의 관점을 설명한다. 일반적으로 10K의 재무제표 게재 순서는 재
무상태표와 손익계산서가 먼저이고 그 뒤에 현금흐름표를 게재하는
데 아마존에서는 현금흐름표를 가장 먼저 첨부한 것을 보면 베조스
가 항상 잉여현금흐름을 의식한 경영을 하고 있음을 알 수 있다.

아래 그림은 아마존의 영업활동현금흐름, 잉여현금흐름과 순이익

아마존의 순이익, 영업활동현금흐름과 잉여현금흐름

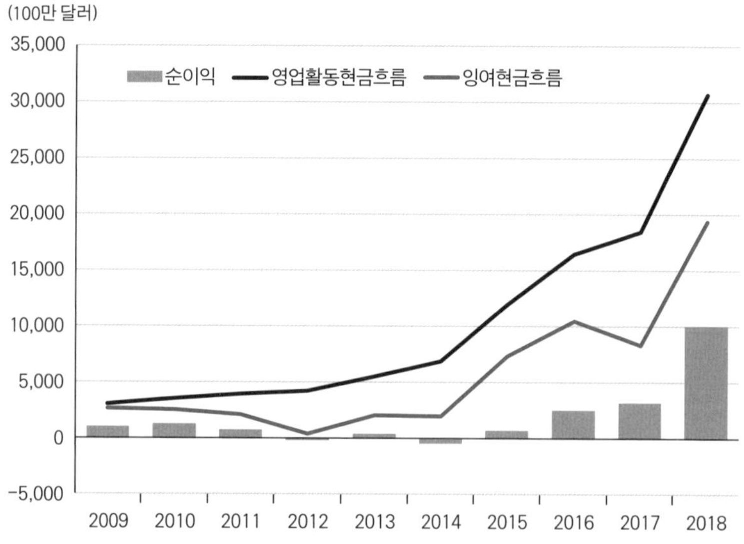

(100만 달러)

```
35,000
        ▨순이익    ──영업활동현금흐름   ──잉여현금흐름
30,000
25,000
20,000
15,000
10,000
 5,000
     0
-5,000
        2009  2010  2011  2012  2013  2014  2015  2016  2017  2018
```

참조 : 아마존의 재무제표 자료〈10K〉를 근거로 저자가 작성

액의 추이를 나타낸 그래프다. 영업활동현금흐름이 상승함에 따라 잉여현금흐름도 순조롭게 증가하고 있다.

높은 자금효율

→ 재무상태표 & 손익계산서

다음 의문은 특징 ④에서도 설명했다.

● R&D를 위한 자금은 어떻게 조달할까?

이 의문에 대한 또 하나의 답이 특징 ⑤의 '높은 자금효율'이다.

60쪽의 칼럼에서 '영업 사이클'에 관해 설명했다. 일반적으로 운전자금이 없어지면 은행 등에서 부족한 자금을 빌려야 한다. 이 부족한 자금액이 많으면 매출이 성장해서 흑자가 났어도 도산할 위험(흑자 도산)도 있다. 즉 기업의 안전성을 생각할 때 부족한 금액뿐 아니라 부족한 '기간'도 중요하다.

기업이 매입처에 지급하면 판매처로부터 매각대금을 회수할 수 있을 때까지의 기간을 **현금전환기간**Cash Conversion Cycle, CCC이라고 하며 160쪽과 같은 식으로 구할 수 있다.

다음 그림은 CCC의 상세 내용이다.

CCC =

Days Inventory Outstanding + Days Sales Outstanding

— Days Payable Outstanding

(재고회전일수 + 매출채권회전일수 — 매입채무회전일수)

현금전환기간의 구성 요소

재고회전일수 DIO	상품을 매입해서 판매하기까지의 기간(일수)을 나타낸다 DIO =재고(재고자산)/(매출원가/365)
매출채권회전일수 DSO	미회수한 매출채권을 회수하는 데 걸리는 기간(일수)을 나타낸다 DSO = 매출채권/(매출액/365)
매입채무회전일수 DPO	미지급한 매입채무를 결제하는 데 걸리는 기간(일수)을 나타낸다 DPO = 매입채무 / (매출원가/365)

매입한 상품은 재고자산이 된다. 그 재고가 어느 정도의 기간에 판매되어 매출이 되는지(DIO), 그 매출은 어느 정도의 기간에 현금화되는지(DSO)를 더한 기간에서 매입채무를 지급할 때까지의 기간(DPO)을 차감해 구하는 현금전환기간(CCC)으로 기업의 자금효율을 알 수 있다.

즉 현금전환기간이 늘어나면 현금이 부족한 일수가 길어지고 줄어들면 그 일수가 짧아진다. 아마존의 경우 161쪽 그래프와 같이 현금전환기간을 0 이하(마이너스)로 유지하고 있다.

현금전환기간을 줄이려면 외상매출금(매출채권)을 신속하게 회수하고 외상매입금(매입채권)을 되도록 늦게 지급하면 된다. 그리고 현금전환기간이 마이너스인 것은 **매입채무를 지불하기 전에 매각대금을**

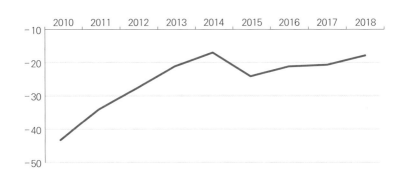

아마존의 현금전환기간

참조 : 아마존의 재무제표 자료 〈10K〉를 근거로 저자가 작성

회수했다는 뜻이다.

정말 대단한 일이다. 즉 아마존의 매출증가율이 높을수록 풍부한 현금이 주머니에 들어오는 구조가 확립되어 있다는 말이다. 그런 이유에서 순이익이 마이너스여도 문제가 없는 것이다.

그리고 이 풍부한 현금이 R&D에 집중 투자하는 원천이 된다.

이와 관련된 가설로서 다음 의문점도 검증해보자.

● 재고자산 부담이 상당할 것 같은데

162쪽의 재고회전일수를 보면서 확인해보자.

아마존은 전국 각지에 대형 물류창고를 두고 있지만 그곳에 쌓인 재고는 35일 정도에 소진된다. 즉 대량의 상품을 매입해도 재고 부담이 적다. 이것이 아마존의 강점이다.

아마존의 현금전환기간 요소

	2016	2017	2018
CCC	-21.56	-21.07	-18.33
DIO[재고회전일수]	37.41	36.59	35.01
DSO[매출채권회전일수]	19.81	22.06	23.38
DPO[매입채무회전일수]	78.78	79.72	76.72

참조 : 아마존의 재무제표 자료〈10K〉를 근거로 저자가 작성

아마존의 특징 ⑥

노동집약형 비즈니스

→ Item l Part1

마지막으로 다음 가설에 대해 살펴보자.

- 소매업이지만 IT 기업이기도 하니까 직원들을 많이 뽑지 않을 것 같아
- 물류업을 장악하고 있을 것 같아

아마존은 물류에 상당한 공을 들이고 있다. 글로벌 전체에서 생각할 경우 풀필먼트Fulfilment, 상품 수주에서 배송까지 일괄하는 작업가 전체 매출의 15% 가까이 차지하고 있고, 이 수치는 전 업종의 매출액 물류비용비율 4.95%(2018년도 물류비용 조사보고서, 일본로지스틱스시스템협회)와 비교해 보면 상당히 높은 비율을 물류에 할애하고 있음을 알 수 있

다. 실제로 아마존은 MBA 취득자를 물류 관련 업무에 배정하고 물류에 대한 KPI를 설정해서 항상 개선점을 찾아내도록 한다고 한다.

물류를 효율화함으로써 인원도 효율화되었다고 생각할지 모르지만 사실은 그 반대다.

2014년 말 시점의 직원 수(정규직과 비정규직 포함)는 15만 4,100명이었지만 2018년 말 시점의 직원 수는 64만 7,500명으로 거의 4배나 증가했다.

아마존은 2017년에 고급식료품 슈퍼인 홀푸드 마켓을 인수했는데 당시 9만 명의 홀푸드 직원을 채용한 것을 감안하더라도 더 많은 인원이 늘어났음을 알 수 있다.

하나의 가설이지만, 전 세계에서 물류창고가 증가하고 있어서 거기에서 고용이 창출되고 있는 게 아닌가 생각된다. 또 이것은 사건

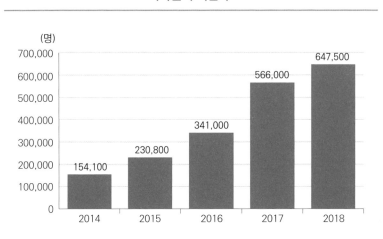

아마존의 직원 수

참조 : 아마존의 재무제표 자료 〈10K〉를 근거로 저자가 작성

이지만 아마존은 온라인WEB과 오프라인(실제 점포)을 융합하기 위해 고용을 감소시키지 않는 것이 아닐까?

마케팅의 대가인 필립 코틀러는 그의 저서 《필립 코틀러의 마켓 4.0》에서 '새로운 유형의 고객 특성은 마케팅의 미래가 고객 여정 Customer Journey 전체에서 온라인 경험과 오프라인 경험이 심리스 Seamless하게 융합되는 것이 뚜렷이 드러난다'라고 했다. 즉 온라인에서는 기술에 맡기고 오프라인에서는 사람을 매개로 한 서비스를 제공한다는 것이다. 그래서 인간이 필요하고 고용이 창출되는 것이다.

이런 온라인과 오프라인의 심리스(이음매가 없는)한 유통을 옴니채널Omni-channel이라고 한다. 자세한 정의에 관해서는 다른 책에 맡기기로 하고, 간단히 말하자면 고객의 '검색과 검토'에서 구매, 상품 수령에 이르는 모든 것omni이 하나로 연결되어 고객 편의성이 향상되면서 하나의 플랫폼을 만들어내는 시스템이다.

일본 기업에서도 요도바시카메라의 '요도바시컴'이나 무인양품의 '무지패스포트'로 옴니채널화가 진행되고 있다.

아마존 고Amazon Go도 옴니채널에 해당한다. 이는 무인계산 서비스에 '등록한 ID로 입점한 다음 쇼핑이 끝나면 'Just walk out(그냥 가게를 나가면 된다)', 가게를 나갈 때 결제된다'는 식으로 고객 편의성을 향상시켰다. 참고로 이것만 들으면 온라인만의 특징인 것처럼 생각되지만 실은 아마존 고 점포 안에는 종업원이 있고 조리 등의 푸드 서비스를 제공하기 때문에 공들인 맛으로 고객을 유도하는 점도 뛰어나다 할 수 있다.

또 미국의 실제 점포 서점인 아마존북스Amazon Books는 킨들 등의 데이터 분석을 기반으로 그 지역에서 가장 수요가 있는 책을 전면에 배치하고 있다. 매장에 비치되는 책은 표지를 전부 고객 쪽으로 향하게 해서 고객이 쉽고 쾌적하게 책을 찾고 고를 수 있게 했다. 그밖에도 기존 아마존 쇼핑몰 웹사이트에서 거래되는 물품 가운데 고객 평점이 별 4개 이상인 제품들을 선정해 **아마존 포스타**Amazon 4-star라는 매장에서 오프라인으로 판매하기도 한다.

이런 모든 것들이 아마존의 옴니채널인 셈이다.

라쿠텐의
재무제표

다음으로 라쿠텐의 재무제표를 살펴보겠다. 글로벌 규모의 사업을 비교 분석하면 당연히 아마존의 강점만 부각될 것이다. 그러나 라쿠텐도 마켓플레이스형 비즈니스모델로서의 강점이 있으며 그것을 기축으로 다양한 비즈니스를 발전시키고 있다.

라쿠텐은 일본 기업이지만 글로벌 의식이 강한 기업이기도 하다. 재무제표도 IRFS(국제회계기준)를 적용해 작성한다. 물론 SEC(미국증권거래위원회)에 재무제표를 제출하는 것은 아니며 IFRS에 준거한 재무제표를 작성해 유가증권보고서로 제출한다.

자, 이제 라쿠텐과 같은 마켓프레이스형 EC 비즈니스의 업적을 다음과 같은 식으로 평가해보자.

매출액 = 유통총액 × 거래수수료 비율

매출액은 유통총액에 거래수수료 비율을 곱해서 구한다. 이 두 변수의 변동이 라쿠텐의 실적에 영향을 미친다.

먼저 유통총액은 GMSGross Merchandize Sales나 GMVGross Merchandize Volume라고도 불린다. 이것은 라쿠텐의 웹사이트 내에서 성립한 거래총액을 뜻한다.

거래수수료 비율Take Rate은 사이트 운영 기업이 그 유통총액에서 얻을 수 있는 수익의 비율을 가리키며 마진율Monetization Rate이라고도 한다. 이 수치는 EC 사업에서의 이익률과 같은 것이며 사업 분석에 대단히 중요한 지표다.

아마존도 마켓플레이스형 EC를 하고 있으므로 재무제표 내에서 거래수수료 비율을 언급하는 것이 자연스럽겠지만 2019년 말에는 그 수치를 공표하지 않았다. 만약 아마존에 거래수수료 비율이 존재한다면 마켓플레이스형보다는 통상적으로 높아질 것이다. 앞에서도 설명했지만 EC 직판형은 고객을 끌어모으고 배송하는 모든 과정을 담당하기 때문에 마켓플레이스형에 비해 비용 부담이 크다. 따라서 거래수수료 비율이 높지 않으면 비즈니스를 지속하기 어렵다.

또 EC 비즈니스의 실적을 이해하기 위해 식을 인수분해Unit of Economics하듯이 쪼개보자. 재미있는 발견을 하게 될지도 모른다. 예를 들어 앞서 마켓플레이스형(EC)의 식을 다음과 같이 분해하는 것이다.

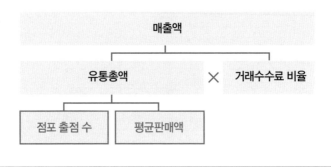

유통총액을 인수분해하면 마켓플레이스는 점포 출점 수와 점포가 판매하는 평균판매액으로 결정된다. 즉 라쿠텐이 생각해야 할 점은 출점 수를 얼마나 늘려서 평균판매액을 어떻게 상승시킬 것인가가 관건이 되는 셈이다.

라쿠텐시장의 출점 점포가 매출 증가를 기대할 수 있는 매력적인 장소가 된다면 그만큼 점포 수가 늘어날 것이고 그에 따라 고객이 증가하면 평균판매액도 증가할 것이다.

그러면 라쿠텐의 매출 내용을 살펴보자. 일반적으로는 다음 3가지 요금을 가리킨다.

- 출점료(테넌트료)
- 매출 수수료
- 광고 게재료

참고로 라쿠텐처럼 마켓플레이스형 비즈니스(야후 쇼핑)를 하는 야후 재팬은 몇 년 전까지만 해도 출점료와 매출 수수료 등을 부과하다가 이것을 무료화하는 전략으로 방향을 바꿔 라쿠텐에 대항하고 있다.

그러면 라쿠텐의 가설과 의문을 검증해보자.

- 임대료가 주된 수익원일까?
- 핀테크는 어떤 사업을 말할까? 계속 성장하고 있나?
- 지금도 회원 수가 증가하고 있을까?
- 연구개발은 별로 하지 않을 것 같아
- 재고 부담이 없으니까 자산효율이 높을 것 같아

라쿠텐

라쿠텐의 특징 ①

핀테크 사업 확대

→ 손익계산서 / 사업 영역

먼저 다음 두 가지 의문을 검증해보자.

- 임대료가 주된 수익원일까?
- 핀테크는 어떤 사업을 말할까? 계속 성장하고 있나?

이 구성비를 보면 여전히 EC 사업이 라쿠텐 매출수익의 상당수를 차지한다. 그러나 영업이익의 기여도를 보면 핀테크가 총영업이익의

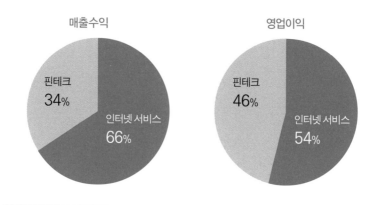

라쿠텐의 매출수익·이익의 구성비 (2018년)

매출수익

핀테크
34%

인터넷 서비스
66%

영업이익

핀테크
46%

인터넷 서비스
54%

참조 : 라쿠텐 2018년도 통기 및 제4분기 결산 설명회 자료

50% 가까이 점유하고 있다.

또 EC 사업과 핀테크 사업의 실적 추이를 보면 171쪽 그래프와 같다. 이는 증감을 보기 위해 분기 데이터로 살펴보겠다.

인터넷 서비스 부문 수익

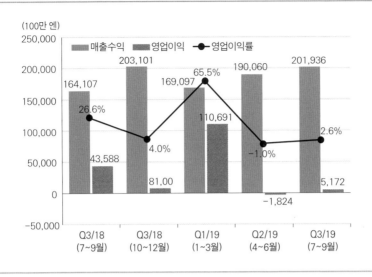

참조 : 라쿠텐 2019년도 제3분기 결산 설명회 자료

핀테크 부문 수익

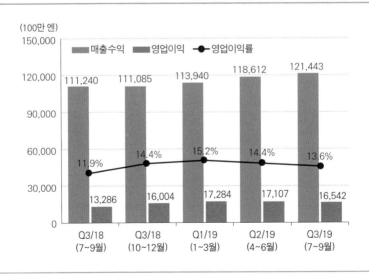

참조 : 라쿠텐 2019년도 제3분기 결산 설명회 자료

핀테크 부문 실적 (2018년)

(10억 엔)

	매출수익	전년동기대비	영업이익	전년동기대비
라쿠텐카드	187.1	+16.4%	**33.1**	+6.5%
라쿠텐은행	82.5	+9.5%	25.7	+17.9%
라쿠텐증권	59.7	+17.8%	21.2	+15.4%
라쿠텐생명	30.6	−5.6%	3.3	+89.6%
기타	18.6	+33.5%	0.0	1.8억 엔
핀테크 총계(라쿠텐손해보험 제외)	378.5	+13.6%	83.3	+14.4%
라쿠텐손해보험	32.3	−	−3.4	−
핀테크 총계	410.8	+23.3%	79.9	+9.7%

참조 : 라쿠텐 2018년도 통기 및 제4분기 결산 설명회 자료

영업이익이 들쑥날쑥한 EC 사업에 비해 핀테크 사업은 안정적으로 확대되고 있음을 알 수 있다.

다음으로 핀테크 사업을 영역별로 세분화한 내용을 살펴보자. 핀테크 중에서도 가장 수익을 많이 내는 것이 라쿠텐카드다.

라쿠텐카드는 라쿠텐손해보험을 제외한 핀테크 전체 수익의 약 50%를 차지하며 전체 영업이익에서 봐도 약 40%를 점유하는 대단히 중요한 사업이다. 다음 질문에 대한 답을 살펴보자.

● 지금도 회원 수가 증가하고 있을까?

이미 139쪽의 '라쿠텐 스토리'에서 언급한 바와 같이 라쿠텐카드의 회원 수와 라쿠텐 ID의 회원 수도 순조롭게 증가하고 있다.

실은 자산효율이 좋지 않다

→ 재무상태표와 손익계산서

재고자산을 갖지 않고 입점료로 수입을 얻는 라쿠텐은 재고를 보유한 아마존과 비교하면 다음과 같은 가설이 자연스럽게 떠오를 것이다.

- 재고 부담이 없으니까 자산효율이 높을 것 같아

실제로 재무상태표와 손익계산서를 이용해 분석해보자. 지표는 총자산회전율을 적용하겠다. 이미 86~87쪽에서 학습한 총자산회전율은 기업이 보유한 모든 자산(총자산)과 비교해 어느 정도의 매출을 1년 내에 달성할 수 있었는지 측정하는 것이다. 자산을 효율적으로 이용해서 매출로 연결하면 총자산회전율이 커지고 그 반대이면 작아진다. 즉 총자산회전율의 크기로 기업이 얼마나 효율적으로 영업활동을 하고 있는지 알 수 있다.

물론 일반론이지만 이 수치가 작은 업태로는 공장이나 설비가 필요한 제조업을 들 수 있다. 또 큰 수치의 업태는 설비가 필요 없는 온라인 소매업이나 서비스업 등을 생각할 수 있다.

총자산회전율은 다음 식으로 구할 수 있다.

$$\text{총자산회전율(회)} = \frac{\text{매출액}}{\text{총자산}}$$

라쿠텐의 재무상태표 (요약판)

(100만 엔)	2017.12.31	2018.12.31
자산		
유동자산 :		
현금 및 현금성자산	700,881	990,242
기타유동자산(금융)		
카드, 은행, 등권관련	4,731,266	5,510,275
유동자산 총계	5,432,147	6,500,517
비유동자산 :		
유형자산	73,171	91,335
무형자산(영업권 포함)	526,862	553,815
투자 외	152,119	199,335
비유동자산 총계	752,152	844,485
자산 총계	6,184,299	7,345,002
부채 및 자본		
유동부채 :		
매입채무	202,874	255,353
예금 등(금융)	3,736,530	4,108,330
기타	1,387,742	1,701,130
유동부채 총계	5,327,146	6,064,813
비유동부채 총합	173,745	503,982
부채 총계	5,500,891	6,568,795
자기자본 총계	683,408	776,207
부채 및 자본 총계	6,184,299	7,345,002

라쿠텐의 손익계산서 (요약판)

(100만 엔)	2017.12.31	2018.12.31
매출수익	944,474	1,101,480
영업이익	149,344	170,425
당기순이익	110,488	141,889

라쿠텐과 아마존에서는 다음과 같은 결과를 얻을 수 있었다.

아마존과 라쿠텐 총자산회전율 추이

	2014	2015	2016	2017	2018
아마존	188%	178%	183%	166%	158%
라쿠텐	17%	18%	18%	18%	16%

참조 : 두 기업의 재무제표를 근거로 저자가 작성

앞에서도 설명했지만 재무상태표 관련 데이터는 평균치를 잡는다는 것에 주의하자.

이렇게 두 기업의 총자산회전율을 비교해보니 예상과 달리 라쿠텐이 더 좋지 않다. 왜 이런 결과가 나타났을까?

EC 비즈니스만 보자면 재고를 보유하지 않은 라쿠텐과 같은 쇼핑몰형 비즈니스가 총자산회전율이 낮을 수도 있다. 그러나 그것만으로는 이렇게 많이 차이가 나지는 않는다. 이는 라쿠텐이 금융 사업에 진출했기 때문이다.

라쿠텐은 라쿠텐카드의 전신인 신판회사信販會社를 인수했다. 또 이뱅크은행을 자회사로 만들고 에디를 인수해 핀테크 종합서비스를 확대하고 있다. 그 결과 재무상태표의 부채가 늘어났다. 2009년의 유가증권보고서의 재무상태표에는 2008년까지는 존재하지 않았던 '은행업에 관한 예금' 약 7,000억 엔이 계상되어 있다. 그래서 분모가 커지고 총자산회전율이 떨어진 것이다. ROE를 구할 때는 총자산회전율을 추가해야 하기 때문에 라쿠텐의 ROE는 수치가 낮은 편이다.

따라서 '재고 부담이 없으니까 자산효율이 높을 것 같아'라는 의문은 단순하게 판단할 수만은 없다.

라쿠텐의 특징 ③

적은 연구개발비

→ 손익계산서

연구개발비에 관해서는 이미 145쪽에서 살펴봤는데 아마존과 비교하면 적은 편이다. 최근에는 광고 사업과 관련해 추천 기능을 추가하기 위해 언어 해석에 관한 연구개발을 진행하고 있다.

● 연구개발은 별로 하지 않을 것 같아

따라서 연구개발을 하고 있긴 하지만 금액만 보면 아마존에 비해 약소한 느낌이 들 것이다.

적극적인 M&A

→ 재무상태표와 손익계산서

기업은 왜 경쟁사를 인수할까? 그렇게 하면 타사가 보유한 브랜드와 노하우를 한꺼번에 소유할 수 있기 때문이다. 자사에서 노하우를 직접 개발하거나 경쟁사와 동일한 서비스를 제공하려고 하면 시간과 노력, 돈이 들기 마련이다. 그렇다면 경쟁사를 사들이는 것이 더 손쉽고 글로벌 경제의 변화 속도를 빨리 따라잡을 수 있다.

라쿠텐은 국내외에서 수많은 기업을 인수해왔다.

라쿠텐의 기업 인수 역사는 웹사이트를 보면 확인할 수 있다. 재무제표상에서는 인수 사안이 라쿠텐의 실적에 어떻게 영향을 미치는지 상세 내역이 보인다.

가장 영향을 준 것은 인수액이다. 예를 들어 다음 두 가지 경우를 생각해보자.

① 100억 엔의 자기자본이 있는 기업을 300억 엔을 주고 사는 경우
② 100억 엔의 자기자본이 있는 기업을 50억 엔을 주고 사는 경우

이렇게 하면 '자기자본 = 기업가치'라는 방정식에 차이가 발생한다.

전자는 현재 보유한 자기자본보다 비싸게 주고 사는 것이다. 후자는 그 반대다. 라쿠텐은 전자인 경우가 많이 보인다. 다음 그림을 보자.

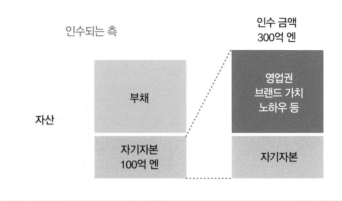

여기서 **영업권**Goodwill이라는 용어가 나온다. 이것은 간단히 말하자면 인수금액과 기업가치의 차액(프리미엄 분)이다. 이 차액이 플러스일 때는 '플러스 영업권'이라고 하고 마이너스일 때는 '마이너스 영업권'이라고 한다. 이 차액은 비유동자산의 '영업권' 또는 '기타자산'으로 계상된다. 전체 자산 대비 '영업권'의 금액 비율이 크다면, 그 기업은 적극적인 인수 공세를 펼치고 있다고 판단할 수 있다. 동시에 인수하는 측에는 큰 리스크와 부담이 존재한다.

영업권의 매년 회계처리는 IFRS와 일본회계기준이 다르다. IFRS는 매년 감가상각하지 못하기 때문에 영업권 가치가 훼손되었을 때(M&A 효과가 나지 않는다고 판단되었을 때) 손익계산서에서 감손 처리해야 한다. 일본 기준으로는 20년 이내에 상각할 수 있다. 예를 들어 도중에 가치 훼손이 발생해도 감손이 크게 느껴지지 않는다.

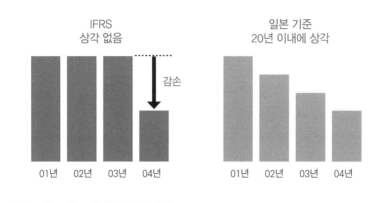

IFRS에서는 인수 가치가 떨어지면 영업권을 감손 처리한다

IFRS
상각 없음

감손

01년 02년 03년 04년

일본 기준
20년 이내에 상각

01년 02년 03년 04년

 IFRS에 따르는 라쿠텐의 재무제표에서는 통상 인수한 금액이 그대로 계상된다. 라쿠텐이 M&A로 성공했는지 판단하기 위한 하나의 기준은 감손 처리 금액을 보면 된다. 만약 감손 처리가 적으면 M&A가 긍정적인 효과를 낳고 있다고 생각할 수 있지만 크면 부정적인 효과를 보인다고 생각할 수도 있다.

 다만 감손 처리의 크기만으로 '인수 성공 여부'를 판단하는 것은 현명하지 않다.

 180쪽 그림은 라쿠텐의 영업권 금액과 순이익의 추이다.

 2014년에 확연히 영업권 금액이 증가했는데 이 시기에 라쿠텐은 통화와 메시지 전송이 가능한 무료 어플리케이션 기업인 바이버Viber, 취득금액 약 820억 엔와 이베이츠Ebates, 취득금액 약 990억 엔를 인수했다. 이 거대 인수를 두고 시장에서는 '향후 성장에 족쇄가 될 것이라는' 우려의 목소리가 나왔지만, 감손 처리를 신속하게 마침으로써 순이익

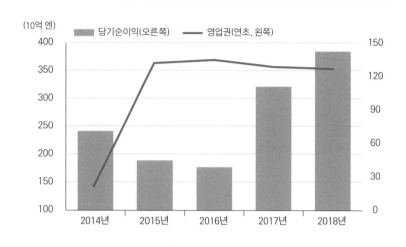

참조 : 라쿠텐 재무제표 자료를 근거로 저자가 작성

에 대한 영향을 최소한으로 억제했다.

그 뒤에도 라쿠텐은 지속적으로 타 기업을 인수했다. 감손 처리 후에도 영업권은 높은 수준을 유지하고 있지만, 2017년에 감손 처리 를 마쳤고 순이익이 늘어난 점을 생각하면 M&A에 의한 시너지 효과 가 서서히 나타나고 있는지도 모른다.

또 2015년에는 차량 공유 서비스를 제공하는 미국 기업인 리프트 Lyft에 출자했지만 2019년도 후반에 1,000억 엔을 넘는 감손을 계상 했다(손익계산서상의 '지분법에 의한 투자손실'). 거액의 감손 처리를 한 라쿠텐에 대해 이 인수는 실패였다고 생각할 수 있겠지만 라쿠텐의 결산 설명회 보고에 따르면 이 투자는 55%라는 높은 수익을 낸 히 트 안건이었다고 한다.

참고로 '마이너스 영업권'도 있는데 이것은 '플러스 영업권'과는 반대로 자기자본보다 저렴하게 기업을 인수하는 것이다. 그러나 이 경우 피인수 기업이 경영상 문제를 안고 있어서 장래성이 없다고 간주되어 재생사업으로서 매각되는 경우가 많다.

마지막으로 최근 종종 미디어에도 등장하는 **무형자산**Intangible Assets이 있다. 이는 IFRS 기준이면 지금 소개한 '영업권'과 구별되는 것에 주의하자. 상세한 차이점은 다른 책에서 참고하면 되겠다. 예를 들어 일반적으로 무형자산으로 지정되는 것들은 다음과 같다.

무형자산 : 컴퓨터 소프트웨어, 특허, 저작권, 영화 필름, 고객 명부, 어업 면허, 수입할당액(양), 독점판매권, 고객이나 매입처와의 관계, 고객의 충성도, 시장점유율, 시장거래권.

COLUMN

무형자산이란

무형자산은 다음 두 가지 항목으로 설명할 수 있다.

① 소프트웨어와 데이터베이스
② 인재 및 조직

왜 여기에서 무형자산을 소개하는가 하면 많은 기업이 '유형자산 투자에서 무형자산 투자로' 돌아섰기 때문이다. 생산성 향상에는 무형자산이 기여도가 높다고 생각해서가 아닐까. 실제 추세로도 미국에서는 무형자산 투자가 유형자산 투자를 웃도는 역전 현상을 보였다.

특히 무형자산에 대한 의존도가 높은 IT 기업은 그런 경향이 현저하게 나타난다. 예를 들어 라쿠텐은 유형자산과 무형자산 증가율에서 크게 차이가 난다. 2000년과 작년의 수치를 비교하면 유형자산은 58배, 무형자산은 1,316배로 무형자산이 자릿수가 다를 정도로 확대되었다.

라쿠텐 외에도 소니, 넷플릭스, 월트디즈니 등도 많은 무형자산을 보유한 기업인데 지금도 그들의 무형자산은 꾸준히 불어나고 있다.

그러나 재무 데이터로 그 내용을 파악하기란 쉽지 않다. 영국의 글로벌 브랜드 평가기관인 브랜드 파이낸스Brand Finance에 따르면 무형자산의 비공개 정도는 70% 이상이므로 거의 알 수 없는 상황이라고 지적했다.

IFRS상에서는 무형자산을 일정 기간 동안 상각하게 되어 있는데 무형자산의 감가상각에는 Depreciation라는 용어 대신 Amortization을 사용한다.

5장

구글 vs 야후 재팬

이 장에서는 구글(모기업명 : 알파벳)과 야후 재팬의 재무제표를 바탕으로 두 기업의 비즈니스를 분석한다. 이 두 기업을 비교 대상으로 선택한 이유는 검색엔진을 내세운 비즈니스를 하기 때문이다.

물론 구글의 수익은 검색 사이트의 광고 사업이 대부분이고 야후 재팬은 광고 사업뿐 아니라 EC와 핀테크 등 다양한 분야에서 사업을 하고 있다는 차이점은 있다.

재무제표를 통해 구글의 강점을 야후 재팬과 비교하면서 이해하도록 하자.

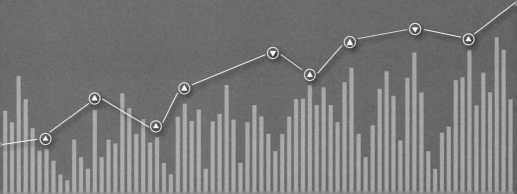

구글과
야후 재팬

다음 표는 구글과 야후 재팬이 수익을 올리는 대표적인 비즈니스다. 그들의 검색 사이트는 이용해도 그들이 어떻게 수익을 올리는지 모르고 있는 사람이 많을 것이다.

두 기업의 공통점은 광고 비즈니스이며 야후 재팬은 이커머스 사업(EC 사업)도 하고 있다.

구글과 야후 재팬의 주요 비즈니스

구글	야후 재팬
• 검색 광고	• 미디어 사업
• 디스플레이 광고	검색연동형 광고와 디스플레이 광고 등
• 동영상 광고	• 상거래 사업
• 안드로이드	이커머스와 결제 관련 서비스

각 기업의 역사를 소개하기 전에 광고 비즈니스의 개요를 구글을 예로 들어 설명하겠다.

광고 사업의 비즈니스모델이란

광고수익 모델은 크게 3가지로 나뉜다.

① 검색 광고
② 디스플레이 광고
③ 동영상 광고

① 검색 광고

이용자가 검색한 키워드를 근거로 화면에 표시되는 광고다. 이용자가 표시된 광고를 클릭하면 광고주가 구글에게 요금을 지급하게 되어 있다.

② 디스플레이 광고

디스플레이 광고는 구글 관련 서비스나 제휴사의 웹사이트 등에 표시되는 광고다. 이용자가 클릭할 경우 들어 온 수입을 구글과 그 제휴사가 절반씩 나눠 갖는 식으로 해결한다.

③ 동영상 광고

동영상 광고는 유튜브의 동영상과 연계한 광고로 1. 인스트림 광고(5초에 건너뛰기 가능한 동영상), 2. 범퍼 광고(건너뛰기 불가능한 동영상), 3. 디스커버리 광고(오른쪽의 영상 목록에 3줄 정도의 광고와 썸네일 표시)의 3가지가 있다.

이 3가지 유형이 광고를 이용해 수익을 올리는 방식이다.

구글 스토리

1998년, 구글은 스탠포드대학 박사과정을 밟고 있던 래리 페이지Larry Page와 세르게이 브린Sergey Brin, 이 두 엔지니어에 의해 탄생했다. 구글이라는 사명은 10의 100승을 뜻하는 'googol'에서 유래했다.

구글은 앞서 말했다시피 세계 검색 시장의 90%를 넘는 승자로 군림하고 있다.

검색의 세계시장 점유율 (2018년)

	구글	빙	야후	바이두	얀덱스루
점유율(%)	92.95	2.31	1.6	0.85	0.55

참조 : Statcounter를 근거로 저자가 작성

예전에 인터넷상에 있던 정보는 부정확하고 편향되어 있으며 중복

된 내용이 많아 신뢰할 수 없는 쓰레기 정보 더미에 가까웠다. 그러나 구글에서 이 인터넷상에 있는 정보를 적절하게 정리organize하는 고도의 검색엔진을 개발함으로써 그 쓰레기 정보를 유용한 정보로 바꿔놓았다. 구글이 내건 미션 중 하나가 "to organize the world's information(세계 속의 정보를 정리한다)"이다. 창업자인 두 사람의 노력이 없었다면 지금과 같은 정보사회로 발전하지 못했거나 그 발전이 더 뎠을 것이다.

구글의 고속 검색엔진을 사용하면 전 세계의 정보 중에서 검색한 키워드에 대한 적절한 결과를 얻을 수 있다. 이 페이지랭크PageRank 라는 알고리즘이 구글의 경쟁우위를 유지시켜주는 최대의 이유다.

2000년에 이 고속 검색엔진이 야후에 채택되자 구글은 단숨에 성장했다. 그 이후 광고 비즈니스모델, 구글 애드워즈(현 구글 광고), 구글 애드센스Google AdSense가 개발되었고, 2006년에는 유튜브를 인수해 수익 모델을 확대했다.

2015년에는 조직 재편으로 설립한 구글의 지주사 알파벳Alphabet Inc이 나스닥에 상장했다. 알파벳은 크게 '구글'과 '기타 도박들Other bets' 두 부문으로 나뉜다.

구글의 비즈니스 영역을 189쪽에 열거했다.

기타 도박들은 위의 예 말고도 훨씬 많다. 1장에서도 나왔지만 구글은 2001년 2월에서 2019년의 12월까지 231개 기업을 M&A했다. 다른 GAFA 기업의 인수 건수와 비교해보면 구글이 M&A에 적극적이라는 점을 알 수 있다. 여기에서 흥미로운 점은 2009년 정도까지는 인수한 기업이 평균 5개 정도로 그리 많지 않았다. 그런데

구글의 비즈니스 영역

구글	광고	구글 애즈 구글 애드센스
	클라우드	구글 클라우드
	하드웨어	구글홈
	서비스	검색 메일 지도 드라이브 유튜브
다른 도박들	캘리코Calico	바이오테크의 연구개발 기업.최신 기술과 생명과학을 조합해 장수에 관한 연구를 한다
	베릴리Verily	다른 도박들 중에서 가장 성공한 프로젝트 중 하나. 건강 데이터를 바탕으로 전체 치료를 제안하는 헬스케어 비즈니스
	X	신규 사업을 시도하는 비밀집단
	웨이모Weymo	자율주행개발을 실시, 미국에서의 차량공유서비스 제공
	캐피탈G	비즈니스모델을 확립한 성장 기업에 투자. 투자처에 리프트, 에어비앤비 등 다수
	GV	벤처캐피탈. 300개 이상의 스타트업에 투자했다

2010년, 2011년, 2014년이 되자 각각 26개, 26개, 34개로 폭발적으로 증가했다.

그리고 2014년을 경계로 인수 내용도 그들의 전략에 맞춰 변화했다. 그전까지는 구글의 수익구조에 맞춘 광고계 기업 인수가 중심이었다. 예를 들어 광고 관련인 더블클릭DoubleClick과 유튜브를 들 수 있다. 그런데 2014년 이후부터는 클라우드나 AI 관련, 그리고 서서히 VR과 AR 등 이용자 인터페이스에 관한 사업을 인수하기 시작했다.

야후 재팬 스토리

야후는 1994년, 스탠포드대학의 제리 양Jerry Yang과 데이비드 필로 David Filo에 의해 www World Wide Web를 이용한 웹 검색 서비스로 탄생했다. 구글처럼 검색엔진만으로 승부하지 않고 다양한 콘텐츠(예능, 스포츠, 날씨 등)를 제공해 이용자를 모으고 광고와 쇼핑사이트, 옥션 등으로 수익을 내는 구조다. 본가였던 미국의 야후는 이미 사업이 해체된 상황이다. 2017년에 보유했던 주요 비즈니스를 대형 통신사인 버라이즌 커뮤니케이션스Verizon Communications에 매각한 뒤 현재는 비공개기업이 되었다.

일본의 경우 소프트뱅크가 야후 재팬을 운영하는 야후주식회사를 자회사로 보유하고 있다. 그리고 2019년 10월부터 야후는 Z홀딩스라는 지주사로 사명을 변경해 야후의 사업을 담당하는 새로운 100% 자회사인 '야후주식회사'를 설립했다.

다만 이 새로운 회사를 기준으로 설명하면 과거와 비교하기 어렵기 때문에 구체제를 기본으로 무엇이 변화했는지 설명하겠다.

현재 야후 재팬은 핀테크를 이용한 성장 전략을 그리고 있다. 결산 설명회 자료에 따르면 '2018년부터 서비스를 개시한 페이페이 PayPay는 일정 시점에서 100억 엔의 환원 기간을 설정해 인지도를 높이는 데 성공했다'라고 정리해 놓았다. 이용자뿐 아니라 판매자 측(가맹점)에도 3년간 결제 수수료를 무료로 이용할 수 있다는 점에서 타 결제 시스템과의 차별화를 꾀했다. 이것이 현재 야후 재팬의 주력 서비스라 할 수 있다.

- 가설을 세우다 -
구글과 야후 재팬의
이익 구조와 실적

다음은 구글과 야후 재팬에 대해 일반인들이 가질 수 있는 가설
이나 의문점이다.

- 이익이 난 돈은 어디에 사용할까?
- 구글의 수익 중 광고는 어느 정도 비중을 차지할까?
- 수많은 기업을 매수(투자)했겠지?
- 얼마나 많은 이용자가 제품을 사용할까?
- R&D에 엄청나게 투자할 것 같아

구글

- PC로는 야후를 사용하지만 스마트폰으로는 사용하지 않을 것 같아
- 주된 수익원이 뭐지? 광고? EC 사업?
- 라인과 통합해서 어떤 점이 좋을까?
- 금융 사업도 하던데 어떤 전략을 펼치고 있을까?

야후 재팬

구글의 서비스는 이용하지만 구글 자체의 비즈니스는 이해하지 못하는 사람도 많을 것이다. 가상 × 인프라형인 구글은 사람들의 생활 깊숙이 침투했지만 그 실태를 파악하기란 쉽지 않다. 기업의 본질을 알기 위해서는 표면적인 얼굴이 아닌 '기업이 비즈니스로 무엇을 달성하고자 하는가?'를 생각할 필요가 있다. 이 책에서는 그것을 재무제표를 이용해 살펴볼 것이다.

그러면 이 두 기업의 주요 재무제표 수치를 비교해보자.

야후 재팬의 경영 통합으로 재무제표가 복잡해졌기 때문에 2018년도 재무제표로 비교 분석하겠다(구글은 2018년 12월 말, 야후 재팬은 2019년 3월 말).●

구글의 실적은 야후 재팬을 크게 뛰어넘는다. 그러나 2018년 시점에서의 매출과 이익만 상승했을 가능성도 있으므로 여러 해의 재무제표를 놓고 대조해서 그 변화를 살펴보아야 한다.

구글과 야후 재팬의 주요 결산 수치

	구글(알파벳)	야후 재팬
매출액(100만 달러)	136,819	9,547
영업이익률	22.94%	14.72%
ROE	18.62%	8.59%
연구개발비(100만 달러)	21,419	10
자기자본비율	76.3%	33.7%

참조 : 두 기업의 재무제표 자료를 근거로 저자가 작성

● 일본 기업은 대개 3월 말에 결산을 한다.

구글의
재무제표

먼저 구글의 재무제표에 관해 분석하면서 여러분의 가설과 의문에 대한 답을 생각해보자.

구글

- · 이익이 난 돈은 어디에 사용할까?
- · 구글의 수익 중 광고는 어느 정도 비중을 차지할까?
- · 수많은 기업을 매수(투자)했겠지?
- · 얼마나 많은 이용자가 제품을 사용할까?
- · R&D에 엄청나게 투자할 것 같아

구글의 특징 ①

10조 엔의 현금을 사용하는 투자회사

→ 재무상태표

그러면 다음 질문에 관해 분석해보자.

● 이익이 난 돈은 어디에 사용할까?

먼저 구글이 얼마나 현금이 풍부한 기업인지 설명하겠다. 재무상
태표의 자산에 있는 현금 및 현금성자산과 유가증권에 주목하자.
2018년 말 이 두 항목을 합하면 약 1,090억 달러에 달했다.

구글의 재무상태표

(100만 달러)		2017.12.31	2018.12.31
자산			
	유동자산 :		
	현금 및 현금성자산	10,715	**16,701**
	유가증권	91,156	**92,439**
유동 자산	매출채권	18,705	21,193
	재고자산	749	1,107
	기타유동자산	2,983	4,236
	유동자산 총계	124,308	135,676
	비유동자산 :		
	장기투자	7,813	13,859
	이연세금자산	680	737
비유동 자산	유형자산(net)	42,383	59,719
	무형자산	2,692	2,220
	영업권	16,747	17,888
	기타 비유동자산	2,672	2,693
	비유동자산 총계	72,987	97,116
자산 총계		197,295	232,792

부채 및 자본

유동 부채	**유동부채 :**		
	매입채무	152,296	18,243
	기타 유동부채	2,874	7,754
	선수금	1,432	1,784
	미지급법인세 등	881	69
	양도성예금[CP]	0	0
	유동부채 총계	24,183	34,620
비유동 부채	**비유동부채 :**		
	회사채	3,969	4,012
	기타 비유동부채	16,641	16,532
	비유동부채 총계	26,610	20,544
	부채 총계	44,793	55,164
자기 자본	**자기자본 :**		
	보통주 불입잉여금	40,247	45,049
	내부유보	113,247	134,885
	기타포괄손익 누계액	-992	-2,306
	자기자본 총계	152,502	177,628
부채 및 자본 총계		$197,295	$232,792

참조 : 구글의 재무제표 〈10K〉를 근거로 저자가 작성

유가증권에 관한 세부 내용을 알고 싶다면 재무제표 뒤에 첨부한 주석NOTES TO CONSOLIDATED FINANCIAL STATEMENTS의 Note3을 참조하면 된다.

주석을 읽어보면 유동성이 높은 유가증권(미국채 및 지방채) 투자가 상당한 비율을 차지한다는 것을 알 수 있다. 구글은 유동성이 큰 유가증권에 투자하고 있다는 말이다.

그러나 이것은 'GAFA의 탁월함'(38쪽)에서 설명한 구글의 매수합병 건수와 금액 그리고 여러분의 다음 가설과는 맥락이 다른 듯하다.

- 수많은 기업을 인수(투자)했겠지?

왜 그럴까?

M&A로 타 기업을 인수했을 때는 유가증권으로 계상되지 않기 때문이다. 기업을 인수했을 때 만약 그 기업의 시장가치보다 큰 금액을 지불했다면 영업권Goodwill으로 계상해야 한다. 영업권은 비유동자산 내에 기입되며 구글의 경우 상당수의 영업권이 계상되어 있다. 즉 구글은 유가증권에 투자하면서도 많은 기업을 인수하고 있다는 말이다.

구글의 특징 ②

약 90%의 매출이 광고 수입

→ 손익계산서

앞에서 소개한 구글 본체와 Other Bets 사업의 모든 매출은 각각 어떤 비율로 분포하고 있을까?

이것을 원그래프로 나타내면 197쪽 그림과 같다.

이 비율을 보면 다음 질문의 답을 알 수 있다.

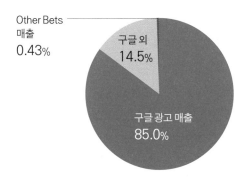

Other Bets
매출
0.43%

구글 외
14.5%

구글 광고 매출
85.0%

참조 : 구글의 재무제표 〈10K〉를 근거로 저자가 작성

● 구글의 수익 중 광고는 어느 정도 비중을 차지할까?

구글은 역시 광고 사업이 주축임을 알 수 있다.

참고로 여러분이 잘 알고 있는 유튜브도 광고 사업 중 하나인데, 최근까지 매출액을 공표하지 않았다. 그런데 2019년 결산 발표 때 갑자기 유튜브의 광고 수입이 공개되었다. 유튜브 광고 수입은 2019년 구글의 매출액 1,619억 달러 중 151억 달러로 약 10% 가까운 비율을 차지했다. 이는 2년 전의 82억 달러와 비교했을 때 두 배로 뛰어오른 수치다. 유튜버가 활약하는 요즘 추세를 보면 앞으로 구글에게 유튜브는 현금 창고와 같은 역할을 할 것이다.

그런데 광고 비즈니스 등 소프트웨어 사업에 특화된 구글이지만 실은 하드웨어를 만드는 측면도 있다. 예를 들어 OS운영체제인 안드로이드를 들 수 있다. 일반적으로 하드웨어보다는 소프트웨어의 이익률이 높은데 왜 OS를 만드는지 의문이라는 반응도 있다. 하지만 이는 안드로이드를 제공함으로써 많은 이가 구글 엔진으로 검색하고 거기에서 나오는 광고 수입을 얻는 데 필요한 전략이다.

참고로 뉴욕의 뉴스 웹사이트인 비즈니스 인사이더Business Insider 에 따르면 구글은 애플 표준장비인 iOS에서도 구글로 검색할 수 있게 하기 위해 애플에게 추정 1조 엔의 '디폴트 검색엔진 대금'을 지급 해왔다. 어디까지나 추정치이지만 iOS 이용자가 검색함으로써 광고 수입을 늘게 하는 것은 매우 합리적인 전략이다.

구글의 특징 ③

광고 비즈니스의 개발력

→ 손익계산서 + Note 2

구글이 개발한 광고 비즈니스는 크게 둘로 나뉜다. 구글 광고 Google Ads와 애드센스AdSense다. 구글 광고는 원래 애드워즈AdWords 라는 명칭이었다가 2018년 8월에 구글 광고로 변경했다.

구글 광고의 내용을 간단히 말하자면 광고주를 대상으로 한 광고 관리 및 운용 서비스다. 잠재구매자가 키워드를 검색하면 검색 이력 (쿠키, 캐시)에 적절하다고 생각될 경우, 구글에 등록한 광고주의 광고가 표시되는 시스템이다. 이용자가 그 광고를 클릭하거나 전화하면 과금을 하게 되어 있다. 구글은 이용자의 검색 이력을 보유하고 있기 때문에 타깃 고객에게 직접 호소할 수 있는 것이다.

한편 애드센스는 사이트 운영자에 대한 광고 서비스다. 예를 들어 콘텐츠 제공자(블로거나 웹사이트 운영자 등)의 웹페이지를 방문했을 때 광고를 게재한 사람의 광고가 표시된다. 웹사이트와 블로그 등을 운영함으로써 방문자가 광고를 클릭하면 광고 수입이 들어오는 것이다.

참고로 유튜버들은 유튜브 파트너 프로그램에 참여해서 애드센스를 링크해 광고 수입을 얻고 있다. 이 프로그램은 '나는 유튜브로 수익화를 하고 있습니다'라는 선언과 같다. 프로그램에 참여한다고 무조건 수익이 나지는 않으며 일정한 채널 등록자 수와 시청시간 조건을 충족해야 수익화할 수 있다.

이렇게 구글은 구글 광고나 애드센스 등을 통해 자사가 보유한 이력 정보를 활용해 타깃팅 광고를 제공하고 있다. 이렇게 하면 TV 광고처럼 불특정 다수를 대상으로 한 방식보다 훨씬 합리적인 내용으로 잠재고객에게 다가갈 수 있다.

이런 정보는 10K의 주석인 'NOTES TO CONSOLIDATED FINAN-CIAL STATEMENTS Note2 Revenue'에 기재되어 있다.

구글의 특징 ④

10억 명이 사용하는 8가지 제품

→ PartⅠ Item Ⅰ Business

구글 관련 제품은 앞에서도 소개했는데 얼마나 많은 사람이 그 제품을 사용하고 있을까? 여러분의 다음 의문에 답해보자.

● 얼마나 많은 이용자가 제품을 사용할까?

이용자 수 추이나 세부 내용은 10K나 그 밖의 자료에 언급되지 않았다. 그러므로 이 의문에 바로 답할 수는 없지만 10K(2019년도)의 PartⅠ Item Ⅰ Business에는 다음과 같은 내용이 나온다.

Google's core products and platforms, such as Android, Chrome, Gmail, Google Drive, Google Maps, Google Play, Search, and YouTube each have over one billion monthly active users.(구글의 핵심 제품과 플랫폼인 안드로이드, 크롬, 지메일, 구글 드라이브, 구글맵, 구글 플레이, 서치, 유튜브는 각각 10억 명이 넘는 월간 서비스 이용자MAU를 갖고 있다.)

제품 수를 세면 전부 8가지다. 구글 이용자는 이 제품들을 중심으로 구글을 사용한다.

이 말은 10억 명을 넘는 사람이 사용하는 제품을 8가지나 보유하고 있다는 의미이며, 세계 인구를 70억 명이라고 생각해도 일 이용자 수가 그 수치를 훨씬 뛰어넘는 것이다.

거액의 연구개발비를 투입

→ 손익계산서

마지막으로 다음 가설을 검증해보자.

● R&D에 엄청나게 투자할 것 같아

앞에서 설명했듯이 구글은 기업 인수합병을 비롯해 투자를 아끼지 않는 기업이다.

이는 아마존을 분석할 때의 데이터에서 소개했듯이 2019년 12월 시점의 연구개발비도 아마존 다음으로 많다.

미국 외 기업의 경우, 2019년 10월 말의 달러 환율을 기준으로 계산했다. 또 마이크로소프트나 애플은 각각 2019년 6월 말, 2019년 9월 말 결산 수치를 참조했다.

각 수치들은 커 보이긴 하지만 얼마나 큰 것인지는 잘 모를 수도 있다. 그러므로 과거와 비교해 어느 정도의 R&D 비용을 계상해왔는지 증가율을 살펴보자.

202쪽 그래프는 GAFA에 초점을 맞춰 2014년을 100으로 했을 때 R&D 비용이 현재까지 얼마나 증가했는지 나타낸 것이다.

과거 5년간의 데이터를 생각하면 구글의 R&D 비용 증가율은 GAFA 중에서 가장 낮은데도 불구하고 두 배 이상의 증가율을 기록했다. 구글도 상당한 금액을 R&D에 투자한다는 것을 알 수 있다.

여러분의 생각과 잘 맞았을까?

대표적 기업의 연구개발비 (2019년)

		R&D(억 달러)
1	아마존	35.9
2	구글	26.0
3	마이크로소프트	16.8
4	삼성전자	16.3
5	애플	16.2
6	페이스북	13.6
7	인텔	13.4
8	폭스바겐	13.2

참조 : 각 기업의 재무제표 자료 〈10K〉를 근거로 저자가 작성

GAFA의 R&D 비용 증가율

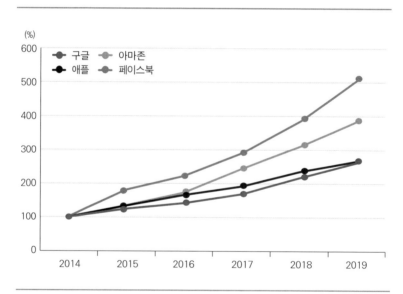

참조 : 각 기업의 재무제표 자료 〈10K〉를 근거로 저자가 작성

야후 재팬의
재무제표

다음으로 야후 재팬의 재무제표에 관해 분석해보자.

우리가 야후 재판에 대해서 생각한 가설과 의문은 다음과 같았다. 하나씩 검증해보자.

- PC로는 야후를 사용하지만 스마트폰으로는 사용하지 않을 것 같아
- 주된 수익원이 뭐지? 광고? EC 사업?
- 라인과 통합해서 어떤 점이 좋을까?
- 금융 사업도 하던데 어떤 전략을 펼치고 있을까?

야후 재팬

토털 디지털 이용자 1위

→ 기타

이용자 증대는 야후 재팬의 실적을 볼 때 매우 중요하다. 야후 재팬을 방문하는 사람이 많을수록 실적이 오르기 때문이다.

이용자 수는 야후 재팬의 유가증권보고서와 결산 설명회 자료 등을 통해서는 알 수 없기 때문에 시청행동 분석 서비스인 닐슨(www.nielsen.com)이 제공한 데이터를 이용했다. 닐슨은 마케팅이나 TV 온라인 및 모바일 인터넷 시청률을 제공하는 세계적 정보·조사 기업으로 분석 전문가도 이용하는 데이터가 다수 갖춰져 있기로 유명하다.

2018년 일본의 토털 디지털 이용자 수

		평균 월간이용자 수	평균 월간 리치
1	야후 재팬	6,743만 명	54%
2	구글	6,732만 명	54%
3	유튜브	6,276만 명	50%
4	라인	5,973만 명	48%
5	라쿠텐	5,051만 명	40%
6	페이스북	5,044만 명	40%
7	아마존	4,697만 명	38%
8	트위터	4,365만 명	35%
9	인스타그램	3,431만 명	28%
10	위키피디아	3,169만 명	25%

참조 : 닐슨 홈페이지 자료를 근거로 저자가 작성

'토털 디지털'이란 인터넷 이용자 수와 그 비율을 나타낸다.

2018년 시점에 야후 재팬은 토털 디지털 이용자 수가 일본 최대였다. 그러나 일본 국내 최대라고 해도 2위인 구글과는 10만여 명 정도의 근소한 차이였기 때문에 언젠가 1위를 내놓을 리스크도 있다.

야후 재팬의 향후 과제는 '모바일 이용자를 끌어들이는 것'이다. 다음 데이터를 보자.

2018년 일본의 스마트폰을 통한 이용자 수

		평균 월간이용자 수	전년 대비 증가율
1	구글	6,561만 명	8%
2	야후 재팬	6,033만 명	7%
3	라인	5,816만 명	11%
4	유튜브	5,330만 명	14%
5	페이스북	4,617만 명	18%
6	라쿠텐	4,561만 명	4%
7	아마존	3,910만 명	11%
8	트위터	3,908만 명	11%
9	인스타그램	3,102만 명	39%
10	아메바	2,566만 명	0%

참조 : 닐슨 홈페이지 자료를 근거로 저자가 작성

과거에 인터넷은 PC에서 접속하는 사람이 압도적으로 많았다. 하지만 현재는 PC 이용자가 줄고 스마트폰을 이용하는 쪽으로 옮겨가고 있다. 그리고 스마트폰으로 검색할 경우 구글을 이용하는 사람이 많다는 것이 이 수치에 나타난다.

● PC로는 야후를 사용하지만 스마트폰으로는 사용하지 않을 것 같아

사용하지 않는 것은 아니지만 빈도가 예전에 PC를 이용하던 시대보다 확실히 줄어들었다.

당연히 야후 재팬도 이런 이용자 행동을 의식해서 향후 성장 전략을 세우고 있으며 2018년 결산 설명회 자료 내의 사업 요약서에서도 스마트폰 이용자를 의식한 전략을 중심으로 삼았다. 앞으로 그 전략을 지속적으로 실행할 것이다.

라인과의 경영 통합에 관해서도 얼마나 발전해 나갈지는 미지수지만 스마트폰 이용자를 끌어들이려는 의지의 표시라고 해석할 수 있다.

● 라인과 통합해서 어떤 점이 좋을까?

위의 의문에 관해서는 다음 특징에서 말하는 ARPU를 어떻게 대응할 것인가에 따라 결과가 달라질 것이다.

야후 재팬의 특징 ②

ARPU 개선

→ 손익계산서 + 사업 영역 정보

ARPU를 설명하기 전에 다음 의문을 해결하고 가자.

● 주된 수익원이 뭐지? 광고? EC 사업?

정답은 야후 재팬의 유가증권보고서 내의 사업 영역 정보에 있다. 아래 그래프에서 사업 영역별 매출수익과 영업이익을 정리했다.

사업 영역의 중심은 미디어 사업과 커머스 사업이다. 미디어 사업은 보고서에서 '광고 관련 서비스'라고 정의되었고 커머스 사업은 야후 옥션, 야후 쇼핑, 야후 트래블 등의 EC 관련 서비스와 야후 프리미엄, 야후 BB의 인터넷 관련 서비스, 야후 월렛, 야후 카드 등의 결제 관련 서비스로 정의했다.

그래프에서 구체적인 매출 수치(아래 원그래프 왼쪽)를 보면 커머스 사업(EC)이 미디어 사업의 배 이상이다. 한편 영업이익에서는 미디어 사업이 높아지는 역전 현상이 생겼다. 이를 통해 야후 재팬은 이익률이 높은 광고 사업에 주목하며 스마트폰에 타깃을 놓고 있음을 추

야후 재팬 사업 영역별 매출수익과 영업이익

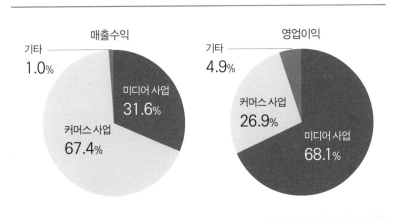

참조 : Z홀딩스 재무제표를 근거로 저자가 작성

정할 수 있다.

그런데 이 광고 사업의 실적은 어떤 기준으로 판단할까? 그 기준 중 하나가 바로 ARPU다.

ARPU란 'Average Revenue Per User'의 약어로 이용자 한 명의 평균 매출 또는 평균 소비자 단가라고 생각할 수 있다.

앞으로 야후 재팬이 주주가 된 소프트뱅크가 원하는 수익을 내려면 무엇보다 매출을 증대해야 한다.

야후 재팬과 같은 광고 비즈니스에서 얻을 수 있는 수익은 다음과 같이 계산한다.

광고매출액 = 이용자 수 × ARPU

그런데 이런 식으로 광고매출액을 구하는 것이 아니라 광고매출액을 현재의 액티브 이용자 수로 나누어 ARPU를 구하는 것이 일반적이다. ARPU의 추이가 상승하는 추세이면 비즈니스가 우상향하고 있다고 판단한다.

광고매출액을 파악하려면 사업 영역 정보가 필요하지만 광고 사업을 하는 기업이면 유가증권보고서에서 확인할 수 있다. 그리고 액티브 이용자 수의 추이를 조사하면 ARPU를 구할 수 있다. 액티브 이용자에 관한 자료는 야후 재팬이 2019년 11월에 발행한 〈야후 재팬 미디어 가이드Yahoo! Japan Media Guide〉에서 발췌했다. 자료에는 스마트폰과 PC의 수치로 구분했으며 데이터의 집계 대상 기간은 2019년

야후 재팬의 손익계산서 (요약판)

(100만 엔)	2018.3.31	2019.3.31
매출수익	897,185	954,714
광고수익	303,443	323,850
비즈니스	407,640	414,272
퍼스널	185,735	215,088
기타	365	1,503
영업이익	185,810	140,528
당기순이익	131,153	78,677

참조 : Z홀딩스의 재무제표를 근거로 저자가 작성

1월부터 6월까지이다.

스마트폰과 PC의 액티브 유저를 단순하게 더해도 8,000만 이상이다(야후 재팬은 라인과의 통합 발표 기자회견에서 6,743만이라고 발표했다). 이것으로 앞에서 나온 광고 매출의 ARPU를 구할 수 있다.

야후 재팬은 스마트폰에 관해서는 10명 중 약 9명, PC에서는 10명 중 약 7명이 접속하는 미디어로 평가받는다. 7,000만 명 가까운 사람이 액티브 이용자로 활동하는 것이다. 광고가 필요한 기업으로서는 충분한 선전 효과를 얻을 수 있다.

참고로 스마트폰 사용자의 24시간 데이터는 이 자료에 포함되지 않았다. 그럼에도 높은 이용자 수가 나온 것에서 야후 재팬이 밤낮을 가리지 않고 가장 이용자가 많은 서비스라는 점을 알 수 있다.

다만 이런 데이터는 일본 국내 이용자 숫자에 불과하다. 세계로 확장해보면 한 서비스로 10억 명 이상의 이용자를 보유한 구글의 발뒤꿈치에도 미치지 못하는 상황이다. 이제 남은 길은 라인과 합병해

야후 재팬의 스마트폰과 PC의 이용자 수

스마트폰 PV 수(월평균 페이지뷰) 403억 2,600만 PV	PC PV 수(월평균 페이지뷰) 150억 2,580만 PV
MAU 수(월평균 페이지뷰) 6,270만 UU	MAU 수(월평균 페이지뷰) 2,140만 UU

출처 : 야후 재팬 미디어 가이드 2019년 11월 발행

서 아시아 시장에 진출해 새로운 시장을 개척하는 것이라 할 수 있다. 두 기업의 이용자를 합쳐서 ARPU를 향상하는 것이 이 경영 통합의 목적이다.

일본 최대의 플랫포머와 인수 전략

→ 재무상태표 + α

기업 인수와 같은 이야기는 야후 재팬의 모기업 Z홀딩스를 두고 거론해야 하지만 여기서는 야후 재팬을 중심으로 설명하겠다.

야후 재팬의 앞으로의 전략 분야는 핀테크Fintech라 예상된다.

핀테크는 금융finace과 기술technology를 조합한 용어다. 이미 상용화된 서비스 중에는 지금까지 지폐와 동전을 이용해 지불했던 것을 스마트폰으로 결제하게 한 스이카Suica 등의 캐시리스 결제 서비스가 있다. 또 송금 결제를 스마트폰 앱을 이용해 완료하는 페이팔 등도 핀테크의 일종이다. 과거에는 시간과 품을 들여야 했던 금융 거래를

테크놀로지의 힘으로 간편하게 바꾼 것이다.

핀테크의 대상이 되는 영역은 이런 은행 거래뿐 아니라 보험, 증권 등도 포함된다.

그리고 야후 재팬과 라인과의 통합은 일본 국내와 아시아의 핀테크 플랫포머를 지향하는 수단이라고 생각할 수 있다.

여기에서 여러분의 가설과 의문을 생각해보자.

● 금융 사업도 하던데 어떤 전략을 펼치고 있을까?

라인과의 통합 발표 전부터 야후 재팬은 핀테크 영역으로 착실하게 발을 떼고 있었다.

2006년 재팬넷은행의 자회사화, 2015년 신용카드사 KC카드(현재의 야후 재팬 카드의 전신) 등의 인수가 그것이다.

야후 재팬은 어떤 전략에 따라 카드사와 은행을 인수했을까?

이 전략은 사람들이 은행이나 신용카드 등을 일단 가입해서 사용하기 시작하면 좀처럼 다른 곳으로 옮기지 않고 계속 쓰는 '심리'를 이용한 것이다. 거기에서 EC와의 연계를 꾀한 것이다. 더 자세히 이야기해보자.

보통 사람들은 소비를 할 때 다음 단계를 밟는다.

① 쇼핑 → ② 카드 이용 → ③ 은행 인출

야후 재팬의 전략은 ②의 신용카드사를 잡고 있으면 그 편의성 때문에 고객이 이탈하지 않을 거라는 소비자 심리에서 비롯된 생각이다. 한 번 고객이 되면 장기간 그 카드를 이용해 돈을 쓸 것이기 때문이다. 이를 **고객생애가치**Lifetime value라고 한다. 고객의 생애거래 기간 전체를 통해 거래하면 그만큼의 가치를 만들어낼 수 있다는 뜻이다. 야후 재팬은 와이제이카드를 2015년에 인수하면서 카드 사업을 확장했다.

다음의 2015년과 2016년 야후 재팬의 재무상태표를 살펴보면 1년간 영업채권이 약 50% 가까이 늘어난 것을 확인할 수 있다. 카드사는 소비자에게 신용 대출을 하는 식으로 결제를 처리하는데, 구매에서 지급(현금화)에 이르는 기간에 영업채권으로서 재무상태표에 계상되는 금액이 증가한 것으로 볼 수 있다.

여기에서 생각해야 할 과제가 있다. EC가 확대되면 카드사가 보유해야 하는 영업채권이 불어난다. 그러므로 보유한 돈이 많지 않으면 당연히 신용카드 거래와 같은 신용 대출이 불가능하다. 그래서 돈을 조달해야 하는데 그럴 때 선택지가 두 가지 있다. 하나는 돈을 빌리는 것이고 또 하나는 주주에게 돈을 내게 하는 것이다.

야후 재팬은 이를 위해 ③인 재팬넷은행을 자회사(2017년 8월)화하는 형태로 돈을 빌렸다.

은행은 우리가 돈을 맡기는 곳이다. 은행 입장에서 그 돈은 빌린 돈이므로 '부채(은행 사업의 예금)'로 인식된다. 예금자로부터 단기적으로 돈을 빌리는 지급어음이나 단기차입금과 같다.

실제로 2016년도에는 존재하지 않았던 '은행 사업 예금'이 2017년에는 7,080억 엔이나 계상된 것을 확인할 수 있다.

야후 재팬의 재무상태표 (요약판)

(100만 엔)	2015.3.31	2016.3.31	2019.3.31
자산			
유동자산 :			
현금 및 현금성자산	503,937	449,164	546,784
영업채권 및 기타 금융채권	**217,736**	**305,758**	1,102,114
재고자산	419	14,902	18,306
기타 금융자산	19,735	36,556	191,260
유동자산 총계	741,827	806,380	1,858,464
비유동자산 :			
유형자산	64,465	12,133	133,867
영업권	**27,673**	**156,362**	175,301
무형자산	32,382	128,711	165,293
투자 외	141,255	239,213	96,676
비유동자산 총계	265,775	536,419	571,137
자산 총계	1,007,602	1,342,799	2,429,601
부채 및 자본			
유동부채 :			
영업채무 + 은행사업예금	158,979	**270,766**	**1,163,158**
기타	80,793	95,256	355,920
유동부채 총계	239,772	366,022	1,441,557
비유동부채 총합	27,276	64,012	77,521
부채 총계	267,048	430,035	1,519,078
자기자본 총계	740,554	912,764	910,523
부채 및 자본 총계	1,007,602	1,342,799	2,429,601

출처: 야후 재팬 유가증권보고서를 근거로 저자가 작성

장기적인 매출 수익 구성

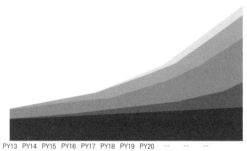

비즈니스 환경 변화를 파악해 매출 수익 구성을 크게 바꾸면서 성장한다

데이터 솔루션
핀테크

이커머스

통합마케팅 솔루션,
쇼핑 광고

검색연동형 광고,
디스플레이 광고
(쇼핑 광고 제외)

PY13 PY14 PY15 PY16 PY17 PY18 PY19 PY20 …   …   …

참조 : Z홀딩스 결산 설명회 자료

야후 재팬은 앞으로 EC 사업이 확대되더라도 은행을 매수함으로
써(규모에 따라 다르겠지만) 대응할 수 있는 형태가 된 것이다.

실제로 Z홀딩스의 결산 설명회 자료의 "장기적 수익 구성(위 그림)"
을 보면 앞으로 EC 사업이 높은 비율을 차지할 것이라고 설명하고
있다.

라인과의 통합은 라인 페이 이용자와 페이팔 이용자를 합침으로
써 핀테크 사업을 글로벌 수준으로 제공하려는 것이다.

참고로 2019년 조조타운(이하 ZOZO) 인수도 야후 재팬의 독특한 전
략 중 하나다. 그리고 이 매수에는 야후 재팬에게 EC 비즈니스와 핀
테크 측면에서 3가지 이점이 있었다.

첫째, ZOZO의 EC 거래액을 통째로 얻을 수 있었다. 둘째, ZOZO가

보유한 브랜드 기업에서 맡은 상품의 창고·물류까지 담당하는 서비스를 보유하고 있으므로 아마존과 대등하게 상대할 수 있게 되었다.

둘째, ZOZO가 내세우는 '쓰케바라이ツケ拂い'라는 외상결제 시스템이다. 이 서비스는 ZOZO에서 구입하고 싶은 젊은이에게 수수료 330엔만 지불하면 대금 지급을 약 2개월 연장할 수 있게 한 것이다. 물론 지급연체나 채무불이행 등의 리스크도 있지만 이 시스템은 고수익 금융상품이 되었다. 이용자는 상품을 받기 위한 배송처의 개인정보를 조작하지 못하기 때문에 야후 재팬도 여신 관리(고객에게 돈을 얼마나 빌려줄 수 있는지에 관한 심사)를 정밀하게 할 수 있어 리스크 관리를 하기 쉽다는 이점도 있다.

다시 한번 말하지만 2019년 11월 야후 재팬과 라인은 경영 통합 의사를 발표했다. 이것이 실현되면서 일본 최대의 플랫포머가 탄생했다. 두 기업은 아시아에서도 많은 이용자를 보유하고 있기 때문에 일본뿐 아니라 아시아로 사업을 확장하는 것도 가능해졌다. 향후 GAFA에 얼마나 대항할 수 있을지 주목된다.

한 가지 주의해야 할 점이 있다. Z홀딩스의 주요 주주인 소프트뱅크가 이 합병에 대해 장래성이 없다고 판단하고 매각한다면 이용자 정보가 타사로 넘어간다는 점이다. 그것이 일본 기업이라면 그나마 낫겠지만 매각처가 해외인 경우 안전 보장 문제로 발전할 수 있다. 규모가 커지면 안전에 악영향을 미칠 수 있다는 점을 우리 이용자들은 알아둘 필요가 있다.

6장

페이스북 vs 라인

이 장에서는 일본의 라인과 페이스북의 강점에 관해 분석한다.
넓은 의미에서 SNS라는 비슷한 비즈니스를 펼치는 두 기업이지만 페이스북은 타기업을 압도하는 강점을 갖고 있다. 2018년에는 데이터 유출 등의 사건이 있었지만그래도 사람들은 페이스북을 떠나지 못했다. 유행 사이클이 짧은 SNS업계에서 페이스북은 지금도 이용자 수를 늘리고 있다. 그 이유는 무엇일까? 재무제표를 통해페이스북이 갖고 있는 강점의 비밀을 밝혀보자.

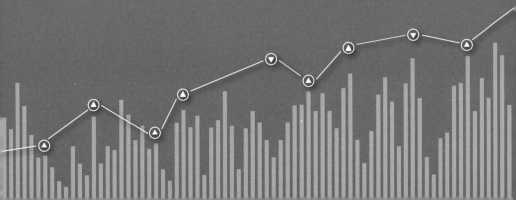

페이스북과
라인

페이스북과 라인의 제품(서비스)에 관해 나열해보자. 일반적으로 잘 알려진 것은 다음과 같다.

왓츠앱은 일본에서는 인지도가 높지 않지만 라인과 같은 인스턴트 메시지 서비스로 세계적인 인기를 끌고 있다. 페이스북을 사용하지

페이스북과 라인의 주요 비즈니스

페이스북	라인
• 페이스북	• SNS
• 메신저	• 스탬프 판매
• 인스타그램(2012년에 10억 달러에 인수)	• 라인 페이
• 왓츠앱WhatsApp (2014년에 160억 달러에 인수)	

않아도 왓츠앱은 계속 이용하는 사람이 존재할 정도다.

그런데 페이스북과 라인은 SNS라는 같은 카테고리에 존재하고 있지만 '주축 서비스'로 경쟁하고 있지는 않다. 예를 들어 동아리 활동을 즐기는 곳이 페이스북이라면 사적인 공간을 즐기는 곳은 라인이다. 이용자에 따라 원하는 바가 다른 것이다.

또 페이스북은 이용자의 개인정보를 적극적으로 수집하려는 경향이 높지만 라인은 그렇지 않다는 점도 다르다. 일본의 경우 개인정보 취급에 대한 엄격한 규제가 있기 때문에 일단 사고 사례가 생기면 서비스에 대한 평가뿐만 아니라 운영 자체에 영향받을 가능성이 높다. 그 때문에 라인은 개인정보 수집에 소극적인 편이다.

반대로 현재 페이스북의 수익기반은 미국이기 때문에 타 지역과 달리 그렇게까지 규제가 심하지 않은 상황이다. 그렇기 때문에 페이스북은 개인정보를 이용한 수익 모델을 구축하고 있다.

페이스북 vs 라인 vs 타 SNS 업체

먼저 페이스북이나 라인과 같은 SNS의 특징이나 관계성에 관해 간단히 짚고 넘어가자.

페이스북이나 라인이 탄생하기 전에는 정보 커뮤니케이션 도구, 이른바 소셜 네트워크 서비스SNS는 블로그가 대세였지만 지금은 여러 종류의 SNS가 난립하고 있다. 우리가 사용하는 SNS는 얼핏 보면 똑같아 보이지만, 이용자의 생활양식에 따라 그 용도가 다르다.

페이스북
실명 등록에 기반한 깊은 연결고리를
동료(직장 동료 포함)와 만든다

 트위터
재빨리 정보를 취득, 발신하고 확산
한다

 라인
사적인 커뮤니케이션을 한다

 인스타그램
멋진 사진을 올려서 가치관을 공유
한다

페이스북과 라인 이외에 트위터와 인스타그램을 추가해서 비교한다면 SNS의 전체 개요를 이해할 수 있으며 이용자가 무엇을 원하는지도 알 수 있다. 위의 그림은 4가지를 사용 방식별로 비교한 것이다. 이는 이해를 돕기 위한 예시이며 사람마다 사용 목적은 다를 수 있다는 점을 염두에 두자.

각자의 라이프스타일이나 욕구에 따라 사용하는 SNS가 달라진다는 것을 알 수 있다.

페이스북 스토리

SNS의 대표주자인 페이스북이 걸어온 길을 훑어보자.

페이스북은 2004년에 하버드대학에 재학 중이었던 마크 저커버그Mark Zuckerberg와 그의 룸메이트였던 에두아르도 세버린Eduardo Saverin에 의해 탄생했다. 당초 페이스북은 더페이스북Thefacebook이라는 이름이었고, 하버드대 이메일 주소를 가진 학생이 교류하는 학내 서비스였다. 그러다가 다른 아이비리그(컬럼비아대와 예일대)와 스탠퍼드대학에까지 개방하면서 인지도를 높였다.

이때부터 페이스북이 전 세계로 보급되었는데 그 특징은 이용자의 실명 등록이었다. 실명 등록을 하면 연락이 끊겼던 옛 친구와 다시 연락할 수 있었기 때문에 사람들은 열심히 실명을 등록했다. 저자도 20대에 해외로 나갔을 때 연락처를 잊어버린 친구와 페이스북으로 연결된 뒤로 페이스북을 꾸준히 이용하고 있다. 물론 별로 알려지고 싶지 않은 사람과 연결되는 리스크와 개인정보 유출 등의 우려도 있지만 그래도 여전히 이용자가 늘어나고 있다.

GAFA 중에서는 역사가 짧은 편이지만 현재 20억 이상의 액티브 이용자가 있는 페이스북은 SNS의 대명사라 불려도 이상하지 않다.

페이스북이 지금의 자리에 오르기까지 결코 탄탄대로는 아니었다.

창업한 뒤 몇 년간 이용자 수가 폭발적으로 증가한 페이스북도 운영비 증가와 자금 조달 문제에 시달렸다. 저커버그가 페이스북상의 '광고' 게재에 대해 난색을 표했기 때문이었다.

페이스북을 궁지에서 구해준 것은 당시 구글 글로벌 온라인 판매 및 운영 부회장을 역임한 셰릴 샌드버그Sheryl Sandberg였다. 그녀의 책 《린 인Lean In》을 읽은 사람도 많을 것이다. 저커버그가 그녀를 페이스북의 최고 운영 책임자COO로 임명하고 광고 사업에 단계적으로 진입하면서 서서히 수익을 올리게 되었다.

물론 어떤 기업이든 사업을 수익화하는 것은 쉽지 않은 일이다. 페이스북은 호소력이 강한 서비스를 제공한 덕분에 수익화를 어렵지 않게 달성할 수 있었다.

스콧 갤러웨이는 그의 저서 《플랫폼 제국의 미래 - 구글, 아마존, 페이스북, 애플 그리고 새로운 승자》에서 페이스북의 강점을 '혼자서는 살아갈 수 없는 인간의 마음에 호소한다'라고 분석했다. 인간은 감정(마음)의 동물이라서 감정 변화에 따라 한번 결정한 것도 손바닥 뒤집듯 바꾸는 일이 흔하다.

페이스북은 인간관계의 번거로움에 지긋지긋해하면서도 '다른 사람과 연결되고 싶다'는 '감정'에 호소하는 것이다. 또한 페이스북은 인스타그램이나 메신저 같은 다른 커뮤니케이션 툴을 제공함으로써 더 많은 사람들의 연결을 확대해왔다.

페이스북은 구글처럼 광고를 통해 수익을 올리는 비즈니스모델을 갖고 있지만 두 기업의 차이점에 주목할 필요가 있다. 페이스북은 페이스북이라는 SNS 제품'만'을 통해 광고 수입을 얻는 데 반해 구글은 다채로운 IT 인프라(G메일, 지도, 캘린더, 크롬 등)를 활용해 수평 방향으로 고객을 유치하고 있다.

이를 통해 페이스북의 가치는 '커뮤니티에서 얻을 수 있는 정보'라는 점을 알 수 있다. 또한 개인정보뿐 아니라 커뮤니티에서 발신되는 내용과 행동(좋아요! 버튼)도 이용자의 흥미와 관심을 나타내는 것으로 페이스북에게 유익한 정보라고 생각할 수 있다.

구글은 검색을 기반으로 개개인의 행동 유형을 해석해서 광고 타깃으로 정할 수 있다는 강점이 있다. 한편 페이스북은 개인에 한정하지 않고 커뮤니티에도 광고 타깃을 정할 수 있다는 강점이 있다.

페이스북은 그런 정보들을 취득해 타깃팅한 광고로부터 매출을 얻고 있다. 페이스북의 광고 사업 매출은 앞에서 소개했듯이 다음과 같이 계산할 수 있다.

$$광고매출액 = ① 이용자 수 \times ② ARPU$$

즉 ① 이용자 수와 ② ARPU이용자 한 명당 평균 매출를 곱해서 구할 수 있다.

다만 이를 계산할 때 몇 가지 주의사항이 있다. 그것은 이용자도 액티브한 이용자와 그렇지 않은 이용자를 구별할 필요가 있다는 점이다.

참고로 일본의 SNS 이용률은 라인이나 유튜브 등이 70%를 넘고 페이스북은 30% 정도에 불과하다(일본총무성 〈정보통신 미디어의 이용시간과 정보 행동에 관한 조사〉(2018년 7월 발표)의 조사 결과 보고서 참조).

라인 스토리

한국 자본 기업 중 대표적인 기업에는 롯데나 삼성전자 등이 있다. 실은 라인도 2019년 11월 야후 재팬과 경영 통합하기 전까지는 한국 자본 기업이었다. 라인의 전신인 '한게임 재팬'은 한국 기업인 네이버 NAVER에 의해 2000년에 설립되었다. 온라인게임이 중심이었지만 서서히 사업 영역을 확대해 2003년 NHN Japan을 설립했다.

그 뒤 라이브도어의 주식을 취득해 경영 통합을 했고 2011년, 많은 사람이 이용하는 메신저 앱인 라인을 출시했다. 라인은 2011년에 동일본대지진이 일어났을 때 '재해가 일어났을 때도 쉽게 연락할 수 있는 앱을 만드는 것'을 목적으로 탄생했다.

이미 소개했지만 라인은 남녀노소를 가리지 않고 폭넓은 층에서 이용하는 서비스다. 2011년부터 개시한 서비스로 역사가 깊지는 않지만 그 이전 모바일 커뮤니케이션의 중심이었던 SMS에 비해 라인의 등장으로 커뮤니케이션의 방식이 크게 변했다고 할 수 있다.

실제로 메시지 서비스로는 거의 독점 상태다. 2011년 서비스를 개시한 이래 얼마 되지 않아 1억 명의 이용자를 넘긴 몬스터 기업으로 변모했다. 뒤에 언급하지만 MAU월간 액티브 이용자는 일본뿐 아니라 동남아시아를 중심으로 2억 명에 가까운 수준으로 증가했다.

최종적으로 라인은 일본의 플랫포머가 되어 착착 수익을 쌓은 결과, 2016년에 뉴욕증권거래소와 도쿄증권거래소시장 1부에 상장했다.

그 뒤에 앞에서 말한 야후 재팬과의 경영 통합이 일어났고 앞으로 어떻게 변화할 것인지 주목받고 있다.

COLUMN

GAFA 규제 대책

여기에서는 거대 테크 기업인 GAFA에 대한 규제에 관해 살펴보겠다. 지금 가장 주목받고 있는 것이 GDPR과 디지털 서비스세다.

- GDPR(EU 일반 데이터 보호 규제)

EU는 일본과 마찬가지로 개인정보 취급에 엄격한 규제를 해왔다. 특히 EU는 2018년 5월 EU 가맹국 28개국에 노르웨이, 아이슬란드, 리히텐슈타인을 추가한 유럽경제영역EEA 31개국 공동으로 GDPR 가이드라인을 시행했다. GDPR은 그 규제 기준이 대단히 엄격하며, 위반할 시에는 최대 2,000만 유로(2020년 초 환산 23억 엔 상당) 또는 전년회계의 전 세계 매출 4% 중 더 큰 것을 벌금으로 부과한다. 다만 이는 결코 GAFA를 막기 위해 시행된 것은 아니다. 데이터 사회의 개인정보 데이터는 기본적으로 그 당사자의 소유권으로 인정되며 개인 데이터가 돈이 되는 사회에서 개인과 IT 기업 양쪽이 공정한 틀을 만듦으로써 건전한 시장을 만드는 것이 목적이다.

- 디지털 서비스세

디지털 서비스세(일명 구글세)란 글로벌 IT 기업에 대해 세금을 부과하는 제도를 말한다. 영국에서 2020년부터 도입할 예정이다. 글로벌 IT 기업은 글로벌 베이스로 비즈니스를 하기 때문에 어디에서 이익을 냈는지 특정하기가 쉽지 않다. 원칙적으로 영구적 시설(공장이나 사무실 등)이 존재하지 않는다면 법인세는 비과세가 된다는 규정이 있어서 글로벌 IT 기업의 과세 회피를 조장하는 상황이다.

예를 들어 창고도 얼핏 보기에는 영구적 시설에 해당하는 것 같지만 이 창고를 보관 인도용으로만 사용한다면 합법적으로 과세가 면제되기도 한다. 또 비즈니스 금전 수수는 저세율이 적용되는 국가도 있다.

영국이 앞장서서 디지털 서비스세를 추진하고 있지만 다른 선진국은 신중한 태도를 보이고 있다. 미국은 IT 기업에게만 과세하는 것은 공평하지 못하며 세금을 새로 시장에 부과하면 경제 성장을 저해할 수 있다고 반대하는 태도를 보이고 있다.

디지털 서비스세는 향후 영국이나 EU에서 단계적으로 시행될 가능성이 있지만 과도한 과세 회피에 관해서는 어떤 대책을 세울 필요가 있다. 또한 IT 기업도 가치를 창출했다면 세금을 흔쾌히 납부해야 할 것이다.

- 가설을 세우다 -

페이스북과 라인의
이익 구조와 실적

다음은 페이스북과 라인에 대한 이미지와 가설, 의문점이다.

페이스북

- 차입금이 별로 없을 것 같아
- 비유동자산도 별로 없겠지?
- 수익은 대부분 광고에서 나겠지?
- 모바일 이용자와 PC 이용자의 접속 비율이 어떻게 될까?
- 매출 중심은 미국일까?
- 이용자 수가 늘어나면 이익률이 낮아지지 않을까?
- 20억 명 이상의 이용자라면 수익은 이제 고점을 찍지 않았을까?
- 앞으로는 어떻게 수익을 낼까?

- 어떤 비즈니스로 매출 수익을 얻을까?
- 이용자 수는 얼마나 될까?
- 유동부채가 없어도 되는 비즈니스를 하겠지?
- 상장한 뒤 경영을 순조롭게 하고 있을까?

라인

'페이스북이 왜 강한가?'라는 의문에 대한 답은 수익구조에 어떤 식으로 나타날까? 그 비밀을 파헤쳐보자.

두 회사의 주요 재무제표 수치를 비교해보자.

여기에서도 간단히 실적 개요를 보겠지만 SNS 카테고리에 속한다는 의미에서 트위터를 추가해서 재무제표 수치를 비교해보겠다.

라인의 재무제표는 라쿠텐이나 야후 재팬과 같이 국제회계기준 IFRS을 준수한다. 그러므로 서비스 제공 방법에 따라 매출이 계상되는 점에 주의하자. 라인의 경우 매출 계상 시점이 늦어지는 경향이 있다.

다음 표를 보면 라인은 페이스북과는 상대가 되지 않지만 트위터와는 큰 차이를 보이지 않는다는 것을 알 수 있다.

페이스북, 라인, 트위터의 주요 재무제표 수치 (2018년 12월 말)

	페이스북	라인	트위터
매출액(100만 달러)	55,838	2,071	3,042
영업이익률	44.62%	7.78%	14.90%
ROE	27.90%	-1.94%	20.34%
연구개발비(100만 달러)	10,270	191	554
자기자본비율	86.4%	40.9%	67.0%

참조 : 각 기업의 재무제표 자료를 근거로 저자가 작성

페이스북의
재무제표

먼저 페이스북을 살펴보자. 이미 독자 여러분이 꼽은 페이스북의 비즈니스에 관한 가설과 의문을 재무제표와 대조하면서 검증하겠다. 가설과 의문은 다음과 같았다.

페이스북

- 차입금이 별로 없을 것 같아
- 비유동자산도 별로 없겠지?
- 수익은 대부분 광고에서 나겠지?
- 모바일 이용자와 PC 이용자의 접속 비율이 어떻게 될까?
- 매출 중심은 미국일까?
- 이용자 수가 늘어나면 이익률이 낮아지지 않을까?
- 20억 명 이상의 이용자라면 수익은 이제 고점을 찍지 않았을까?
- 앞으로는 어떻게 수익을 낼까?

이미 페이스북의 SNS 비즈니스 축은 광고라고 설명했다. 그러면 차입금이나 자산의 필요성에 관해 의문이 생길 것이다. 또 이용자 수의 증감이 페이스북의 수익에 영향을 미치기 때문에 가설에서는 '이용자 수가 증가할 가능성'에 대해 관심을 보이는 사람이 많았다.

그러면 재무상태표부터 살펴보자.

페이스북의 재무상태표

(100만 달러)			2017.12.31	2018.12.31
자산				
유동자산	유동자산 :			
		현금 및 현금성자산	8,079	10,019
		유가증권	33,632	31,095
		매출채권	5,832	7,587
		기타 유동자산	1,020	1,779
		유동자산 총계	48,563	50,480
비유동자산	비유동자산 :			
		유형자산	**13,721**	**24,683**
		무형자산	1,884	1,294
		영업권	18,221	18,301
		기타 비유동자산	2,135	2,576
		비유동자산 총계	35,961	46,854
자산 총계			84,524	97,334
부채 및 자본				
유동부채	유동부채 :			
		매입채무	$380	$820
		파트너채무	390	541

유동 부채	미지급비용 + 기타	2,892	5,509
	선수금 + 예탁	98	147
	유동부채 총계	**3,760**	**7,017**
비유동 부채	**비유동부채 :**		
	기타 비유동부채	6,417	6,190
	비유동부채 총계	**6,417**	**6,190**
부채 총계		**10,177**	**13,207**
자기 자본	**자기자본 :**		
	보통주 · 불입잉여금	40,584	42,906
	내부유보	33,990	41,981
	기타포괄손익 누계액	−227	−760
	자기자본 총계	**74,347**	**84,127**
부채 및 자본 총계		**84,524**	**97,334**

참조 : 페이스북의 재무제표 〈10K〉를 근거로 저자가 작성

페이스북의 특징 ①

적은 부채

→ 재무상태표 + 현금흐름표

먼저 다음 가설이다.

- 차입금이 별로 없을 것 같아
- 비유동자산도 별로 없겠지?

재무상태표를 보면 알겠지만 페이스북은 대단히 자기자본비율이

높은 회사다. 즉 차입금을 별로 갖지 않고 자기자본으로 경영한다는 점을 알 수 있다.

다음 두 번째 가설인데 재무상태표의 비유동자산 중 PP&E Property, Plant and Equipment, net, 유형자산를 보면 2017년도와 비교했을 때 두 배로 늘어났음을 알 수 있다. 상세 내역을 보면 그 정체는 네트워크 장비network equipment 인프라와 데이터센터 구축이 원인이며 페이스북은 일부 장비 등을 보유하는 방향으로 전환했음을 알 수 있다.

매출의 99%가 광고 수입

→ 손익계산서

그러면 다음 의문에 관해 검증해보자.

- 수익은 대부분 광고에서 나겠지?
- 모바일 이용자와 PC 이용자의 접속 비율이 어떻게 될까?

233쪽 그림은 페이스북의 매출액과 순이익 추세를 나타낸 그래프로 과거 10년 동안 무서운 속도로 매출을 증대해왔음을 알 수 있다. 그래프의 2009년과 2018년을 비교하면 매출액이 약 200배까지 올랐다.

그리고 매출 성장에 적극적으로 기여한 것이 광고 사업이다. 놀랍

페이스북의 매출액과 순이익

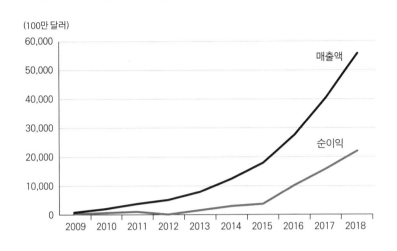

(100만 달러)

참조 : 페이스북의 재무제표 〈10K〉를 근거로 저자가 작성

게도 매출 중 약 99%를 광고 수입으로 얻고 있다.

이 책의 1장에서도 설명했지만 GAFA의 매출 구성을 비교한 그래프를 다시 한번 살펴보자.

구글도 광고 사업을 중심(매출의 약 85%)로 하고 있지만 페이스북은 그보다 훨씬 높은 비율이라는 것이 놀랍다.

GAFA와 그 외 기업 중에서도 이렇게 특정 사업에 치중한 비즈니스모델을 가진 기업은 보이지 않는다.

또 다른 가설인 이용자층에 관한 대답이다. 페이스북 이용자는 90% 이상이 모바일에서 접속하고 있다.

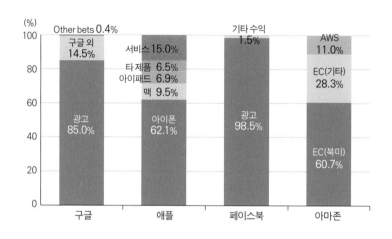

참조 : 각 기업의 재무제표 자료 〈10K〉를 근거로 저자가 작성

매출과 폭넓은 이용자층

→ 손익계산서 + α

그러면 다음 의문을 살펴보자.

● 매출 중심은 미국일까?

지역별 매출을 분석해보자. 지역별 매출revenue by geography은 10K
의 매출 주석NOTES TO CONSOLIDATED FINANCIAL STATEMENTS에 기재되어
있다.

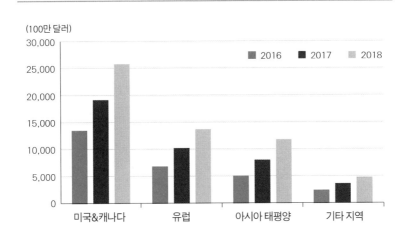

페이스북 2018년도 지역별 매출

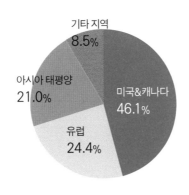

참조 : 페이스북의 재무제표 〈10K〉를 근거로 저자가 작성

   모든 지역에서 2016년부터 3년간 매출이 거의 두 배로 증가했다. 2018년에 주목해서 분석하면 위 그림과 같은 비율이 된다. 여기

서 알 수 있는 것은 페이스북 매출의 99%를 점유하는 광고 수입의 70%는 미국과 캐나다, 유럽에서 얻는다는 것이다.

증가하는 월간이용자 수

→ 손익계산서 + α

이제 다음 의문을 검증해보자.

● 20억 명 이상의 이용자라면 수익은 이제 고점을 찍지 않았을까?

실제로는 어떨까? 여기서 앞에서 말한 광고 비즈니스의 매출 계산식을 다시 확인해보자.

광고매출액 = ① 이용자 수 × ② ARPU

먼저 ① 이용자 수부터 살펴보자. 페이스북이 보유한 페이스북, 메신저, 인스타그램, 왓츠앱 4가지 서비스 중 하나라도 사용하는 월간이용자 수Monthly Active User, MAU의 추이가 237쪽 그래프다.

여기에서 알 수 있는 점은 현재 페이스북의 액티브 유저는 약 25억 명이며 지금도 이용자 수가 증가하고 있다는 것이다.

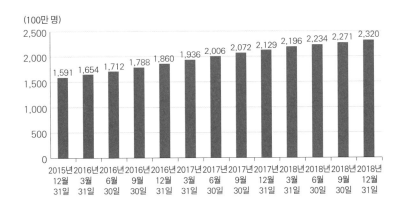

(100만 명)

참조 : 페이스북의 재무제표 〈10K〉를 근거로 저자가 작성

다만 지역별 MAU를 보면 중요한 수익원인 미국과 유럽의 이용자 수 증가세는 답보 상태라는 것을 알 수 있다. 이용자 수가 정점을 찍었다는 것은 매출도 정점을 찍었다는 말이다. 그러나 페이스북은 해가 갈수록 지수함수적인 매출 성장을 기록하고 있다. 즉 미주 지역은 아직 성장세를 기대할 수 있고 그 외 지역의 이용자 수도 계속 늘어나고 있으니 페이스북은 또 다른 잠재력을 갖고 있다고 생각할 수 있다. 실제로 기타 지역의 실적은 지금도 확대되고 있다.

계산식 ②의 ARPUAverage Revenue Per User, 이용자당 평균 매출에 관해 페이스북에서 공표한 데이터는 238쪽 그래프와 같다. 여기에서 세계 매출을 생각하면 수익화에는 아직 이르지 못했지만 이용자 수가 증가하고 있기 때문에 앞으로가 기대된다 하겠다.

페이스북의 ARPU 추이

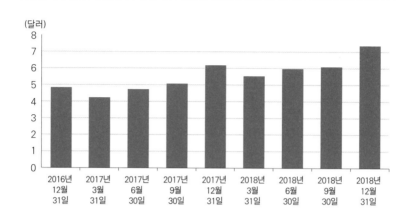

참조 : 페이스북의 재무제표 〈10K〉를 근거로 저자가 작성

페이스북의 국가별 이용자 수 순위 2019년 10월 (100만 명)

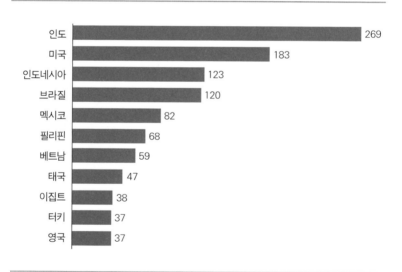

참조 : 스테티스사Statista 웹사이트

참고로 전 세계에서 페이스북을 가장 많이 이용하는 나라는 어디일까?

앞쪽 그래프에서 알 수 있듯이 인도가 미국을 제치고 가장 많은 약 2.7억 명이 페이스북을 이용하고 있다.

인도뿐 아니라 인구가 증가하는 지역이나 국가는 페이스북의 향후 성장에 대단히 중요한 요소가 될 것이다. 그런 나라들은 현재 인터넷 환경이 열악해서 성장 속도는 느리겠지만 환경 개선에 따라 앞으로 성장할 가능성을 갖고 있으며 페이스북에게 중요한 거점이 될 수 있을 것이다.

페이스북의 특징 ⑤

높은 영업이익률

→ 손익계산서

다음 의문에 관해 생각해보자.

● 이용자 수가 늘어나면 이익률이 낮아지지 않을까?

물론 시장이 성숙화된다면 이익률이 떨어지는 것은 당연한 일이다.

여기에서는 페이스북의 손익계산서에서 페이스북의 영업이익률을 구하고 GAFA의 영업이익률의 추이를 함께 살펴보겠다.

페이스북의 손익계산서

(100만 달러)	2016.12.31.	2017.12.31.	2018.12.31.
수입 총계	27,638	40,653	55,838
매출원가	3,789	5,454	9,355
① **매출총이익**	23,849	35,199	46,483
마케팅·서비스비용	3,772	4,725	7,846
연구개발비	5,919	7,754	10,273
판매비 및 일반관리비	1,731	2,517	3,451
영업비용 총계	11,422	14,996	21,570
② **영업이익**	12,427	20,203	24,913
금리·기타 수익	91	391	448
③ **법인세차감전 이익**	12,518	20,594	25,361
법인세 비용	2,301	4,660	3,249
④ **당기순이익**	10,217	15,934	22,112

참조 : 페이스북의 재무제표 〈10K〉를 근거로 저자가 작성

GAFA의 영업이익률 추이

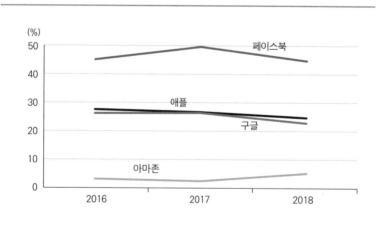

참조 : 각 기업의 재무제표 〈10K〉를 근거로 저자가 작성

앞쪽의 그래프를 살펴보면 페이스북의 영업이익률이 50% 가까이 된다는 것을 알 수 있다. 이 수치는 애플이나 구글의 두 배 정도다. 어떻게 이런 강점이 생긴 것일까?

그 이유 중 하나는 페이스북이 실명 등록제를 채택하고 있고 이용자가 자신의 개인정보(생일, 출신지, 주거지, 근무처(현재와 과거))와 이용자의 친구, 또 그 사람의 행동과 생활양식, 취미와 가족에 이르는 다방면의 정보를 갖고 있기 때문이다. 이런 개인정보를 취득하면 개개인에 대해 더욱 정확하고 질 높은 광고를 할 수 있다. 광고를 집행하고 싶은 기업을 모으기도 쉽고 광고 출고량도 증가한다. 수요가 증가함으로써 출고단가를 올리기도 비교적 쉽다. 이런 점에서 페이스북은 높은 영업이익률을 올릴 수 있는 것이다.

페이스북의 특징 ⑥

매출액 대비 높은 연구개발비 비율

→ 현금흐름표

다음 의문에 대해 알아보자.

● 앞으로는 어떻게 수익을 낼까?

수익을 내려면 미래에 대비한 투자가 반드시 필요하다. 구글을 분석할 때도 설명했지만 페이스북의 투자 증가율이나 매출액 대비 연구개발비 비율은 상당히 높은 편이다.

실제로 페이스북의 2018년도 현금흐름표를 분석하면 다음과 같다.

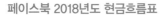

페이스북 2018년도 현금흐름표

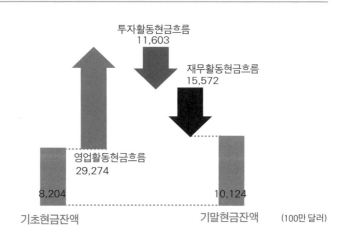

참조 : 페이스북의 재무제표 〈10K〉를 근거로 저자가 작성

페이스북은 영업 호조로부터 얻어지는 현금흐름으로 매년 많은 투자를 하고 있다. 해마다 다르지만 자사주 매입을 하면서 투자자에게 환원하는 건전한 현금흐름 전략(안정형 또는 성장형)을 펼친다.

그런데 이게 전부라면 페이스북이 앞으로 어떻게 수익을 낼지 알 수 없다. 페이스북은 어떻게 그렇게까지 적극적인 투자 행위를 하는 것일까?

페이스북의 사명은 '커뮤니티를 이뤄 모두가 더욱 가까워지는 세상을 만듭니다'이다. 그렇다. 페이스북은 이 장대한 꿈에 투자하고 있다.

선진국의 이용자 수가 포화 상태로 접어드는 지금, 페이스북이 지향하는 시장은 앞으로 발전할 가능성이 있는 개발도상국이다. 현재 이용자 수 상위 5위에 드는 인도, 인도네시아, 브라질, 멕시코가 들어 있는 것을 고려하면 인터넷 환경이 미흡한 국가에 진출하는 것은 인터넷 환경이 정비된다면 단숨에 엄청난 이용자를 확보할 수 있다는 의미이다.

그러므로 페이스북은 개발도상국에 진출하기 위해 인터넷 환경 정비를 하고 있다.

독자 여러분은 internet.org(https://info.internet.org/en/)라는 사이트에 대해 알고 있을까? 이 사이트는 현재 페이스북이 하는 개발도상국용 인터넷 보급 활동을 소개하는 사이트다. 이 인터넷 서비스는 무료로 제공되며 여기에서 협력사를 모아 이용자 수를 확대하면서 그들의 미션을 이루려는 것이다.

특징 ①에서 언급한 페이스북의 네트워크 장비 등의 구매와 데이터센터 구축은 이런 개발도상국의 통신 인프라 확대 등을 목적으로 한 것일 가능성이 크다.

라인의
재무제표

지금부터 라인의 재무제표를 분석해보겠다.

라인에 관한 가설과 의문은 다음과 같다.

- 어떤 비즈니스로 매출 수익을 얻을까?
- 이용자 수는 얼마나 될까?
- 유동부채가 없어도 되는 비즈니스를 하겠지?
- 상장한 뒤 경영을 순조롭게 하고 있을까?

라인

여러분은 라인이 스탬프나 이모티콘을 판매하고 게임 같은 콘텐츠를 제공하는 회사라고 생각하겠지만 실은 다른 사업도 하고 있다. 먼저 라인의 매출 구성은 어떤지 살펴보자.

증가하는 광고와 핀테크 사업

→ 손익계산서 + 사업 영역별 세부 사항

먼저 다음 의문부터 검토하겠다.

● 어떤 비즈니스로 매출 수익을 얻을까?

라인의 결산 설명회 자료를 보면 사업 영역 자체는 2가지 핵심사업으로 나뉘어져 있지만 또 하나의 **전략사업**이 존재한다. 그 전략사업은 핀테크다. 정리하면 다음과 같다.

핵심사업 ① : 커뮤니케이션·콘텐츠
핵심사업 ② : 광고
전략사업 : 라인 페이 등 핀테크 사업과 AI 등

핵심사업 ①의 커뮤니케이션은 라인 스탬프나 이모티콘, 콘텐츠는 게임과 어플리케이션(웹툰과 음악)을 가리킨다.

핵심사업 ②의 광고 사업에 대해 아는 사람은 많지 않을 것이다. 다만 이 광고 사업은 라인을 분석할 때 무시할 수 없을 정도의 큰 수익성을 갖고 있다. 246쪽 그래프는 과거 5년 동안의 각 사업 매출 구성을 나타낸 것이다.

핀테크 등 전략사업의 규모는 아직 작지만 증가하고 있다. 한편

참조 : 라인의 결산 설명회 자료를 근거로 저자가 작성

종래의 커뮤니케이션 사업 비율은 해가 갈수록 감소하는 경향을 보인다.

또 커뮤니케이션과 콘텐츠 증가세가 횡보하면서 광고 사업 증가세가 특히 두드러진다. 광고 사업은 아직 40% 주변이지만 성장하고 있고 라인의 성장을 크게 견인할 것이다.

결산 설명회 자료를 보면 라인의 대표적인 광고는 다음 3가지로 나뉜다.

① 계정 광고 : 라인의 공식 계정(어카운트)에서 '친구'가 되면 이용자에게 자사 제품이나 서비스 정보를 발신할 수 있다

② 디스플레이 광고 : 라인의 타임라인이라는 소셜 네트워크와 메시지 가장 위쪽에 광고가 표시되는 시스템이 대표적이다.

③ 기타 광고

그리고 각 광고의 매출수익 추이는 다음과 같다.

라인 광고 매출 구성

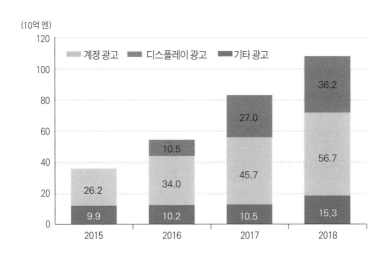

(10억 엔)

참조 : 라인의 유가증권보고서와 결산 설명회 자료를 근거로 저자가 작성

이용자 수 증가

→ 사업 상황

그러면 다음 의문에 답해보자.

● 이용자 수는 얼마나 될까?

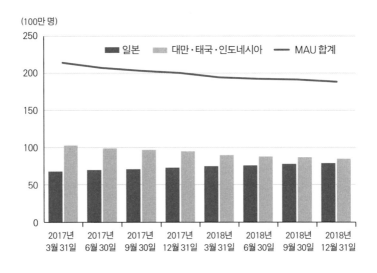

(100만 명)

■ 일본   ▨ 대만·태국·인도네시아   ── MAU 합계

참조 : 라인의 유가증권보고서를 근거로 저자가 작성

  라인의 이용자는 일본, 대만, 태국, 인도네시아 4개국이 중심
으로 전체의 90%를 점유하고 있다. 2017년도와 비교하면 서서히
MAUMonthly Active User가 하락하는 경향을 보이고 있다. 전 세계 수
준의 SNS와 비교하면 저조한 편이지만 라인의 매출수익은 증가 추
세를 보인다. 참고로 이용자 수는 라인의 유가증권보고서 〈제2 사
업의 상황〉에 따르면, MAU를 수익에 관한 KPI(핵심성과지표)로 하고
있다는 것을 알 수 있다.

회사채로 자금 조달

→ 재무상태표 + 현금흐름표

다음 의문에 관해 분석해보자.

- 유동부채가 없어도 되는 비즈니스를 하겠지?

라인은 2018년부터 회사채(전환사채형 신주예약권)로 자금을 조달하고 있다. 아래는 라인의 재무상태표다. 부채 항목에 굵은 글자로 표시된 회사채를 보자. 2018년에 1,421억 엔의 자금 조달을 했다. 2017년 라인의 총자산이 3,034억 엔이므로 대담한 자본 정책이었다.

라인의 재무상태표 (요약판)

(100만 엔)	2017.12.31	2018.12.31
자산 :		
유동자산 :		
현금 및 현금성자산	123,606	256,978
매입채권 및 기타	56,150	53,898
재고자산	3,455	4,887
기타 유동자산	7,438	9,751
유동자산 총계	190,649	325,514
비유동자산 :		
유형자산	15,215	24,726

영업권	16,767	17,095
무형자산	6,486	5,298
투자 외	74,322	113,954
비유동자산 총계	112,790	161,073
자산 총계	303,439	486,587
부채 및 자본		
유동부채 :		
매입채무	28,810	34,985
기타 금융부채	28,003	36,726
기타	44,604	51,515
유동부채 총계	101,417	123,226
비유동부채 :		
회사채	**0**	**142,132**
기타	12,045	12,715
비유동부채 총합	12,045	154,847
부채 총계	113,462	278,073
자기자본 총계	189,977	208,514
부채 및 자본 총계	303,439	486,587

참조 : 라인의 유가증권보고서를 근거로 저자가 작성

이러한 자금 조달의 이유는 주로 라인 페이 쪽에 투자하기 위해서일 것이다.

실제로 251쪽의 현금흐름 동향을 봐도 대단히 적극적인 투자를 하는 회사라고 생각할 수 있다.

이 자금 조달은 라인의 몇 가지 경영지표에 영향을 미쳤다. 포인트는 다음과 같다.

1. 자기자본비율 저하

장기 회사채를 발행함으로써 부채가 증가했기 때문에 부채와 자기자본의 비율인 자기자본비율이 저하했다. 또 재무레버리지도 변했다. 많은 회사채 발행은 이자에 대한 부담이 상승하기 때문에 기업의 안정성이 떨어진다고도 생각할 수 있다.

2. 유동비율 상승

자금 조달이 성공해 풍부한 현금이 수중에 들어왔다. 그 결과 유동자산/유동부채는 상승하고 안전성이 높아졌다.

한편으로는 리스크가 커지지만 다른 한편으로는 안전하게 된다는

라인의 현금흐름표 (2018년도)

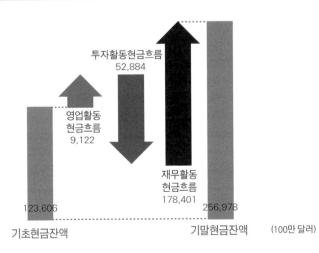

참조 : 라인의 유가증권보고서를 근거로 저자가 작성

모순된 결론이 났다. 이것도 전체적인 균형을 감안하면서 판단할 필요가 있다.

효율적 경영

→ 재무상태표 + 손익계산서

다음은 기업의 실적에 대한 의문이다.

● 상장한 뒤 경영을 순조롭게 하고 있을까?

이어서 라인의 경영효율성을 살펴보자.

라인은 자산과 자기자본을 얼마나 수익으로 전환했을까? 이것을 ROA나 ROE를 이용해 분석해보겠다. 다음 그래프는 과거 5년간의 ROA와 ROE 추이다. ROA와 ROE는 두드러지게 좋은 수치는 아니다. 특히 2015년, 2018년, 2019년은 마이너스 영역이다. 이렇게 두 지표를 억누르는 요인은 어디에 있을까?

라인이 2019년 말 적자를 낸 이유로는 역시 경영 비용이 한꺼번에 상승했기 때문이다. 라인의 결산 설명회 자료를 보면 특히 다음 3가지 분야에서 합계 350억 엔 이상의 비용이 증가된 것이 큰 영향을 미쳤다는 것을 알 수 있다.

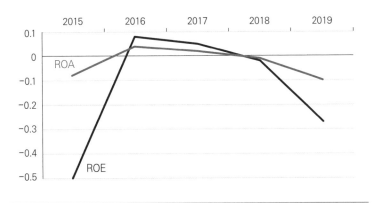

참조 : 라인의 유가증권보고서를 근거로 저자가 작성

① **종업원 보수 128억 엔 증가(전년 대비)**

2016년부터 현재까지 종업원 수가 증가하고 있으며 그에 따라 종업원 보수도 증가했다.

② **마케팅 비용 127억 엔 증가(전년 대비)**

2019년 라인 페이의 '300억 엔 축제'[*] 프로모션 실행으로 마케팅 비용이 이 시기에 3배 정도 증가했다.

③ **외주비 및 기타 서비스 비용 100억 엔 증가**

핀테크 개발 비용이나 광고 콘텐츠에 대한 수수료 증가에 따른 비용

● 라인은 2019년 5월, 라인페이 이용자를 대상으로 300억 엔을 쓰기로 공시했다. 라인페이 이용자에게 1인당 1,000엔 상당의 라인페이 포인트를 무료로 나눠주는 행사다.

라인 종업원 보수 비용과 종업원 수 및 마케팅 비용

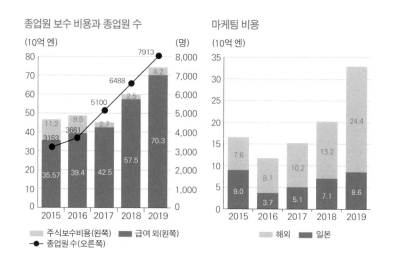

종업원 보수 비용과 종업원 수

(10억 엔)   (명)
- 주식보수비용(왼쪽) 급여 외(왼쪽)
- 종업원 수(오른쪽)

마케팅 비용

(10억 엔)
- 해외 일본

참조 : 라인의 유가증권보고서를 근거로 저자가 작성

이 증가했다.

현재 라인의 영업이익은 마이너스지만 적자가 되더라도 전략 사업인 핀테크에 철저하게 투자하는 일에 힘쓰고 있다. 앞으로 야후 재팬(페이페이)과 통합하면서 일본 최대의 핀테크 기업을 지향할 듯하다. GAFA와 마찬가지로 핀테크 분야를 노리고 있지만, 일단 두 기업을 통합함으로써 일본 최대 금융 플랫포머가 되고 아시아에서 GAFA와 대항할 수 있는 기반을 다지는 것이 당면한 목표라고 추측된다.

7장

Next GAFA 1
마이크로소프트

GAFA에 대항할 수 있는 〈Next GAFA〉 중에 가장 강력한 기업은 마이크로소프트다. 마이크로소프트는 2020년 1월 기준으로 시가총액이 1조 달러가 넘는 슈퍼 메가테크 기업이기 때문이다. GAFA의 창업 연수와 비교하면 마이크로소프트는 중견기업이라 할 수 있지만 여전히 꺾일 줄 모르는 기세로 달려가고 있다. 창업 45년이 지난 이 회사가 왜 새삼스럽게 스포트라이트를 받고 있는 것일까? 재무제표를 보면서 그 의문을 풀어보자.

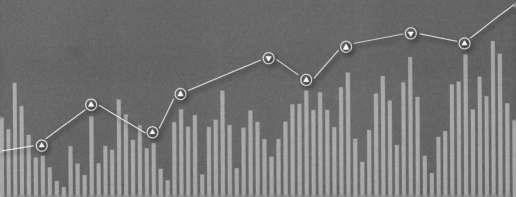

마이크로소프트

여러분도 알고 있겠지만 마이크로소프트는 빌 게이츠Bill Gates가 설립한 IT 기업이다. 창업 당시에는 윈도라는 OS(운영 체제)가 없었고, 소프트웨어를 제공하는 작은 회사였다. 1981년 마이크로소프트의 MS DOS가 탑재된 IBM의 개인용 PC가 폭발적으로 팔리면서 1985년에 주식 상장을 했다. 마이크로소프트는 당시 IBM의 간판을 빌린 제품을 판매하는 OEMOriginal Equipment Manufacturing 업체였다. OEM은 타사 브랜드 제품을 위탁생산하는 업체를 말한다.

OEM에서 탈피해 자사 제품을 보급하기 위해 개발한 것이 윈도다. 그 후 1995년 윈도95가 발표된 다음에 폭발적으로 보급되었는데, 그 때까지의 여정도 결코 순탄하다고 할 수는 없었다.

1985년에 'Windows1.0'이 발표되었는데 TV 광고 효과로 반향을 불러일으켰지만 이용자들의 반응은 별로 좋지 않았다. 그 뒤 몇 번인가 버전업되었지만 모두 '사무용 이용자(법인용)'에게 주로 쓰였다. 그리고 Window3.1에서 엔터테인먼트 분야를 서서히 개척하면서 이용자층을 넓히자 1995년에 발표한 Windows95는 발매된 지 4일 만에 400만 개가 팔리는 히트 상품이 되었다.

Window95를 시작으로 90년대부터 2000년대 전반까지는 '마이크로소프트=최강'이라는 것이 공통된 인식이었다.

그런데 2000년에 빌 게이츠가 CEO에서 물러나고 뒤를 이은 스티브 발머Steve Ballmer 시대부터는 서서히 힘을 잃어갔다.

아래 그림은 가트너Garter 등이 조사한 세계 컴퓨팅 플랫폼 시장점유율Global Computing Platform Market Share이다.

세계 컴퓨팅 플랫폼 시장점유율

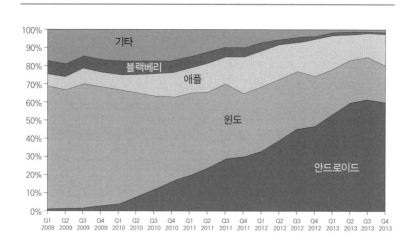

참조 : Gartner, IDC, Strategy Analytics, Company Filings, BI intelligence Estimates

258

2013년 4분기까지의 데이터인데 윈도의 점유율이 확연히 낮아졌음을 알 수 있다. 마이크로소프트에게는 암흑의 시대였다.

《깨달음에 이르는 4단계The Four Steps to the Epiphany》로 유명한 스탠포드대학의 스티브 블랭크Steve Blank는 그 당시의 마이크로소프트의 약체화를 다음과 같이 표현했다.

- in search losing to Google : 검색에서는 구글에 뒤지고
- in smartphones losing to Apple : 스마트폰에서는 애플에 뒤지고
- in mobile operating systems losing to Google/Apple : 스마트폰 OS에서는 구글과 애플에 뒤지고
- in media losing to Apple/Netflix : 미디어에서는 애플과 넷플릭스에 뒤지고
- in the cloud losing to Amazon : 클라우드에서는 아마존에 뒤진다

그런데 2014년부터 CEO를 맡고 있는 사티아 나델라Satya Nadella가 마이크로소프트를 부활시켰다. 그때까지 빌 게이츠나 발머가 구축했던 조직 문화를 대담하게 변혁시킴으로써 마이크로소프트는 새로운 기업으로 다시 태어날 수 있었다. 그 변혁 내용은 크게 두 가지를 들 수 있다.

하나는 온프레미스On-premises, 약칭 ON-PREM. 모델에서 서브스크립션 모델로 판매 방식을 바꾼 것이다. 예를 들어 2010년부터 '마이크로소프트 365Microsoft Office 365'라는 이름으로 서브스크립션형 서비스를 시작했는데 사티아 나델라가 CEO에 취임한 뒤로 소비자의 서

브스크립션에 대한 인식이 발전했다. '1회 판매'라는 형식이 소멸하면서 점차 이용자가 구독하는 형태의 비즈니스로 전환된 것이다. 바로 그때 지금과 같은 '소유'라는 개념에서 '이용'이라는 개념으로 이행했을 것이다. 참고로 온프레미스와 대조적인 의미의 서비스가 **서비스형 소프트웨어**Software as a Service, SaaS다. 이용자가 소유하지 않고 필요한 기능을 필요한 만큼만 이용할 수 있게 한 서비스다. 서브스크립션과 같다고 생각하면 될 것이다.

두 번째로 협조적이지 않은 조직 문화에서 탈피해 광범위한 파트너와 협력하게 되었다. 지금까지는 최강의 소프트웨어 기업으로서 군림했다는 이유로 타사와 협력하지 않아도 독자적인 비즈니스를 유지할 수 있는 풍부한 리소스와 강고한 브랜드를 갖고 있었다. 그러나 이 폐쇄적인 체제가 서서히 혁신을 가로막는 원흉으로 바뀌었다. 그래서 사티아는 경쟁사인 오라클과 소니, 나아가 애플과도 적극적으로 협업하게 되었다.

그런 뒤부터 실제로 고전했던 마이크로소프트의 주가도 크게 상승했다.

물론 대기업을 변혁하는 것은 결코 쉽지 않다. 마이크로소프트의 CEO가 된 사티에는 취임 직후 직원들에게 '**성장형 마인드셋**Growth Mindset이 얼마나 중요한지'에 대한 의식을 심어줬다. 성장형 마인드셋이란 '어떤 일에 도전하고 노력하다가 실패하는 것이 학습의 중요한 요소'라는 점을 인식시키는 것이다. 이를 위해 사티아는 직원 1만 명에게 38시간의 **해커톤**Hackathon을 열었다. 해커톤은 해킹hacking과 마라톤marathon을 결합해서 만든 용어로, 마라톤처럼 일정 시간 동

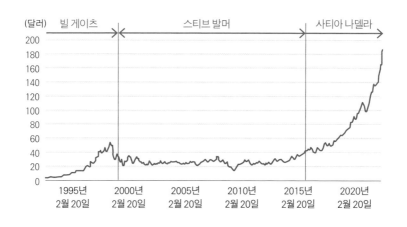

참조 : 마이크로소프트의 재무제표 자료〈10K〉를 근거로 저자가 작성

안 한 장소에서 집중적으로 프로그램 개발에 몰두하는 행사를 말한다. 그럼으로써 종업원의 마인드셋에 변혁을 촉구한 것이다.

그 결과 마이크로소프트의 각 사업이 상승 기류를 타게 된 것은 주가를 통해 확인할 수 있다.

서론이 길어졌다. 그러면 가설을 검증하기 전에 마이크로소프트의 사업들을 정리해보자. 마이크로소프트에 많은 제품이 있다는 사실은 여러분도 잘 알고 있을 것이다. 그렇다면 정확히 얼마나 많은 제품이 있을까?

다음은 마이크로소프트 하면 연상되는 제품과 서비스다.

- Windows(OS)
- Azure(클라우드 서버 서비스)
- bing(검색)
- Microsoft Office 365
- Xbox(게임)
- LinkedIn(SNS)
- Skype(SNS)

이렇게 나열해보니 상당히 많은 제품이 잘 알려져 있는 것을 알 수 있다.

다음으로 마이크로소프트가 강한 이유와 부활한 이유에 관한 몇 가지 가설과 의문을 살펴보자.

- 가설을 세우다 -
마이크로소프트의
이익 구조와 실적

다음은 마이크로소프트에 대한 가설과 의문이다.

마이크로소프트

- 각 제품과 서비스의 매출 비율이 어떻게 되지?
- 예전과 비교해서 매출이나 수익이 어떻게 변했지?
- 현금을 많이 보유하고 있을 것 같아
- 애플처럼 장기적인 투자에 현금을 쏟아붓는 걸까?
- SaaS와 온프레미스는 재무제표에서 어떻게 계상되지?
- 앞으로도 SaaS는 성장할까?
- 많은 기업을 인수했겠지?

마이크로소프트가 폭넓은 제품을 보유하고 있다는 것은 알고 있지만 '그것들이 각각 마이크로소프트의 실적에 얼마나 기여하는지', '가장 세력이 강한 제품이나 서비스와 그 성장세'를 아는 사람은 많지 않을 것이다. 또 빌 게이츠가 CEO에서 물러난 뒤의 마이크로소프트의 실적 추이에 관심이 있는 사람도 많을 듯하다.

　마이크로소프트의 2019년 6월 말까지의 주요 재무제표 수치를 분석해보자.

　이것을 보면 영업이익률과 ROE 수치가 눈에 띈다. 또 연구개발비도 매출의 10% 이상을 투자하고 있다.

　이를 통해 마이크로소프트는 적극적인 투자로 영업이익이 많이 나는 제품을 창출하고 있다는 사실을 알 수 있다. 동시에 높은 이익률이 주주에게 높은 수익을 안겨준다는 것도 알 수 있다.

마이크로소프트의 주요 재무제표 수치 (2019년 6월말)

매출액 (100만 달러)	125,840
영업이익률	34.14%
ROE	42.41%
연구개발비 (100만 달러)	16.876
자기자본비율	35.7%

참조 : 마이크로소프트의 재무제표 자료 〈10K〉를 근거로 저자가 작성

마이크로소프트의
재무제표

마이크로소프트는 다른 기업과 달리 6월 결산인 점을 감안해 분석해야 한다. 여기에서는 2019년 6월 30일에 제출된 10K를 근거로 분석하겠다.

균형 잡힌 매출 비율

→ 손익계산서 + Part II Item8

먼저 다음 의문에 관해 분석해보자.

● 각 제품과 서비스의 매출 비율이 어떻게 되지?

마이크로소프트의 제품은 다음 3가지 영역으로 분류할 수 있다.

BtoB : 생산성과 비즈니스 프로세스(기업을 대상으로 한 비즈니스)
클라우드 : 인텔리전트 클라우드(클라우드 비즈니스)
BtoC : 퍼스널 컴퓨팅(개인을 대상으로 한 비즈니스)

마이크로소프트의 10K에서는 각 분야별 제품 및 서비스에 관한 매출을 발표하고 있다. 이것에 매출 비율을 추가한 다음 표를 보면 모두 평균적으로 30~40% 비율로 균형을 유지하고 있음을 알 수 있다.

마이크로소프트 제품별 매출 구성비

(100만 달러)	2017		2018		2019	
생산성과 비즈니스 프로세스	29,870	31%	35,865	32%	41,160	33%
Office 365 서브스크립션						
Skype						
LinkedIn						
인텔리전트 클라우드	27,407	28%	32,219	29%	38,985	31%
SQL server						
Github(깃허브)						
Azure(애저)						
퍼스털 컴퓨팅	39,294	41%	42,276	38%	45,698	36%
Windows						
게임(Xbox 등)						
Surface						
검색(bing 등)						
합계	96,571		110,360		125,843	

참조 : 마이크로소프트의 재무제표 자료 〈10K〉를 근거로 저자가 작성

마이크로소프트는 이렇게 제품 및 서비스 라인업이 풍부한 것이 특징이다. 그런데 어떻게 각 분야별 매출을 높은 수준으로 유지할 수 있을까? 라인업이 많으면 수익을 내지 못하는 제품이나 서비스가 매출 증가의 족쇄로 작용하기도 한다. 그런데 마이크로소프트는 그 균형을 잘 잡으면서 발전하고 있다.

그 이유 중 하나로 마이크로소프트가 기존 제품과 서비스의 강점을 활용하면서 앞으로 성장이 기대되는 제품에 주력하기 때문이다. 클라우드 비즈니스는 많은 경쟁사가 제공하고 있기 때문에 수익화가 가능한지 의문시되는 사업이지만, 마이크로소프트는 독자적인 강점을 살려 매출을 증대하고 있다.

예를 들어 BtoB의 Office 365를 보면 온프레미스에서 서브스크립션으로 바꾸면서 지속적으로 수익을 낼 수 있게 되었다. 그 수익을 활용해 클라우드 비즈니스 등 비교적 새로운 분야를 키우고 있다. 이는 타사는 모방할 수 없는 마이크로소프트만의 강점이다.

2년 전과 비교하면 생산성과 비즈니스 프로세스(Office, LinkedIn 등)가 인텔리전트 클라우드(SQL server, Github, Azure 등)와 함께 40%에 육박하는 성장을 달성하며 서서히 매출 비율을 늘리고 있음을 알 수 있다.

이번에는 각 제품과 서비스별 매출 비율을 분석해보자.

이 자료는 2019년도 수치이지만 2018년, 2017년에도 비교적 비슷한 비율을 유지했다. 그리고 현 단계에서는 서버나 애저 같은 클라우드 서비스가 매출의 축임을 알 수 있다.

마이크로소프트의 제품별 매출 (2019년 6월 말)

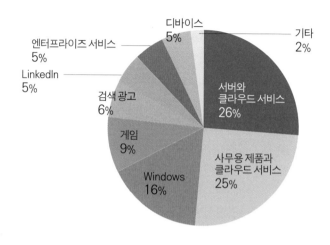

2019년 2분기 실적은 생산성과 비즈니스 프로세스(Office, LinkedIn 등)에서 전년 대비 17% 증가, 인텔리전트 클라우드(애저, 서버, 깃허브 등)에서 27% 증가, 그리고 퍼스널 컴퓨팅(윈도, Surface, Xbox)에서 2% 증가했다. 여기에서도 클라우드 비즈니스가 매출에 크게 기여하고 있음을 알 수 있다.

SaaS의 특수한 계상

→ 재무상태표 + 손익계산서

이제 다음 의문점을 검토해보자.

● SaaS와 온프레미스는 재무제표에서 어떻게 계상되지?

앞에서 설명했듯이,

SaaS = 이용   온프레미스 = 소유

라는 차이점이 있다.

개발 스타일은 다소 다르지만 개발비를 무형자산Intangible Assets으로 계상하는 것은 같다. 한편으로 고객 확보에 들이는 비용계약 획득비 또는 Incremental costs of obtaining a contract을 계상할 때 온프레미스냐 SaaS냐에 따라 다르게 취급하는 것에 주의하자.

270쪽의 표는 온프레미스와 SaaS의 비용 계상의 차이점을 나타낸 것이다.

먼저 오른쪽의 '고객 유지비'는 SaaS만 발생한다. 온프레미스는 한 번 판매하면 끝이므로 유지할 필요가 없기 때문이다. 예를 들어 마이크로소프트처럼 온프레미스 중심이었던 것에서 SaaS로 중심축을 변경한 경우에는 재무제표에서 고객 유지비가 발생하고 있다고 생각

SaaS와 온프레미스의 비용 계상 차이

	고객 획득비	고객 유지비
온프레미스	일회성 판매용이므로 계약 발생 시 비용으로 계상 발생하지 않음	✕ 발생하지 않음
SaaS	계약 발생 후 매월 이용료가 발생(장래 수익획득 능력이 있다고 인정되기 때문에)하며 그 계약을 획득하기 위해 걸린 비용은 일단 자산으로 계상하고, 서비스가 실시되면 그때 상각함	◯ 발생함

할 수 있다. SaaS를 제공하는 기업의 특색이라고 해도 좋을 것이다.

다음은 왼쪽의 '고객 획득비'다. SaaS의 본질은 지속적으로 고객이 이용하게 하는 것이다. 즉 고객을 획득해야 지속적인 이용료가 발생하므로 장래의 수익을 획득하기 위한 자산으로 계상된다.

이 자산의 상각 방법으로 KPMG(2014년 6월 "IFRS 제15호 '고객과의 계약에서 발생하는 수익'의 개요")에서는 다음과 같이 명기하고 있다.

자산화한 계약 비용은 그 자산에 관련된 재화 또는 서비스의 이전 패턴과 정합하는 방법으로 규칙적으로 상각하고 상황에 따라서는 감손 테스트 대상이 된다. 상각 기간에는 예상되는 계약 변경 기간이 포함된다.

여기에서 말하는 상각 기간은 해약율Churn rate을 근거로 예상 갱신 기간을 계산한다고 생각할 수 있다.

실제 데이터를 보기 위해 마이크로소프트의 10K PartⅡ Item8을 조사했지만 고객 획득비는 자산Other current and long-term assets으로 계상했지만 큰 수치가 아니므로 정확한 수치를 파악할 수는 없었다.

높은 비율의 미국채 투자

→ 재무상태표

다음 의문을 검토해보자.

- 애플처럼 장기적인 투자에 현금을 쏟아붓는 걸까?

이 가설을 검증하려면 마이크로소프트의 재무상태표를 확인해야
한다.

272~273쪽 표는 2019년 6월에 공시한 재무상태표다.

마이크로소프트의 재무제표에는 회계 항목이 많은 편이므로 편의
상 수치가 적은 항목은 '기타' 항목에 편입시켰다.

그러면 현금이 어떻게 쓰이는지에 관해 분석해보자.

재무상태표의 단기유가증권Short-term investments을 보면 마이크
로소프트는 총자산 중 상당한 비율을 단기적 투자에 돌리고 있다.
10K 중 Part Ⅱ Item8 Note4에서 배분 내역을 설명했는데 단기유
가증권의 90% 가까이를 미국채US government securities에 투자하고
있다.

여기에서 애플 등 타 기업과 투자 방법이 어떻게 다를까? 라는 의
문이 나올 수 있는데, 이는 각 기업 재무팀의 운용 방침에 따르고 있
을 것이라 생각된다.

마이크로소프트의 재무상태표

(100만 달러)			2018.6.30	2019.6.30
자산				
	유동자산 :			
유동 자산		현금 및 현금성 자산	11,946	11,356
		단기유가증권	121,822	122,463
		매입채무	26,481	29,524
		재고자산	2,662	2,063
		기타 유동자산	6,751	10,146
	유동자산 총계		169,662	175,552
	비유동자산 :			
비유동 자산		유형자산	29,460	36,477
		오퍼레이팅리스사용권 자산	6,686	7,379
		주식투자	1,862	2,649
		영업권	35,683	42,026
		무형자산	8,053	7,750
		기타유동자산	7,442	14,723
	비유동자산 총계		89,186	111,004
자산 총계			258,848	286,556
부채 및 자본				
	유동부채 :			
유동 부채		매입채무	8,617	9,382
		회사채(상각기간)	3,998	5,516
		단기선수금	28,905	32,676
		기타유동부채	16,968	21,846
	유동부채 총계		58,488	69,420

	비유동부채 :		
비유동 부채	회사채	72,242	66,662
	장기소득세	30,265	29,612
	오퍼레이팅리스부채	5,568	6,188
	기타 비유동부채	9,567	12,344
	비유동부채 총계	117,642	114,806
부채 총계		176,130	184,226
	자기자본 :		
자기 자본	보통주 불입잉여금	71,223	78,520
	내부유보	13,682	24,150
	기타포괄손익 누계액	−2,187	−340
	자기자본 총계	82,718	102,330
부채 및 자본 총계		258,848	286,556

참조 : 마이크로소프트의 재무제표 〈10K〉를 근거로 저자가 작성

마이크로소프트의 특징 ④

개선된 매출과 이익률

→ 손익계산서 + α

다음 의문을 검증해보자.

● 예전과 비교해 매출이나 수익은 어떻게 변화했지?

● 앞으로도 SaaS는 성장할까?

여기에서는 역대 CEO 3명의 최근 5년간 매출과 이익 추이를 비교했

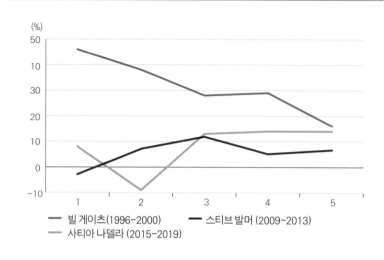

참조 : 마이크로소프트의 재무제표 자료 〈10K〉를 근거로 저자가 작성

다. 다만 20년 전에 CEO였던 빌 게이츠와 현재의 매출을 비교하는 것은 무리가 있으므로 성장률로 검증했다.

X축의 1~5는 연수를 나타낸다. 빌 게이츠에게 '1'은 1996년, 발머에게는 2009년, 사티아에게는 2015년이라고 생각하자.

빌 게이츠 시대에 마이크로소프트는 그야말로 대단한 기세로 매출이 증대했다. 2대째인 발머 시대에는 마이크로소프트가 야유를 받은 것에서 알 수 있듯이 매출 성장이 둔화되었다. 그러나 3대째인 사티아의 시대가 되자 서서히 예전의 기세를 되찾고 있다.

다음으로 영업이익률의 추이를 보자. 영업이익률은 사티아 시대는 서서히 개선되고 있지만 발머 시대는 퇴임하는 해가 다가올수록 하방 기조가 되었다.

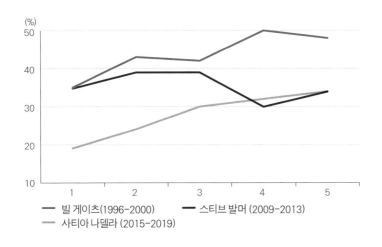

마이크로소프트 영업이익률 CEO별 비교

(%)

빌 게이츠(1996-2000) 스티브 발머 (2009-2013)
사티아 나델라 (2015-2019)

참조 : 마이크로소프트의 재무제표 자료〈10K〉를 근거로 저자가 작성

다만 전체적으로 보면 사티아 시대가 이익률 수준에서는 뒤처지고 있다.

다음으로 순이익률도 포함하여 비교해보자(276쪽 그림).

그래프가 복잡해지므로 각 CEO의 퇴임 전 5년분의 평균이익률로 계산했다.

이 그래프를 보면 시대가 지남에 따라 이익률이 하락하는 것을 알 수 있다.

직감적으로 기업 규모가 커지면 그만큼 매출 증가율도 저조해지고 이익률도 떨어진다고 이해할 수 있다.

그렇게 성숙 기업이 되어가고 있지만, 마이크로소프트의 시가총액이 왜 급상승해왔는지에 관해서는 특수한 사정이 배경에 있을 것이다.

마이크로소프트 영업이익률과 순이익률 CEO별 비교 (연평균)

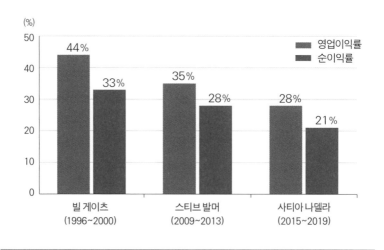

참조 : 마이크로소프트의 재무제표 자료 〈10K〉를 근거로 저자가 작성

마이크로소프트 커머셜 클라우드 매출과 성장률

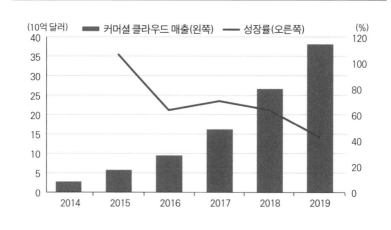

참조 : 마이크로소프트의 재무제표 자료 〈10K〉를 근거로 저자가 작성

그렇다면 시가총액이 급상승한 요인은 무엇일까?

여기에서 두 가지 이유를 생각할 수 있다.

이유 ① 애저가 진격의 엔진으로 작용했다

먼저 진격의 원인으로 마이크로소프트의 클라우드 서비스를 들 수 있다.

276쪽 아래 그래프는 2014년에서 2019년까지의 커머셜 클라우드 수익Commercial Cloud Revenue이다. 이중에는 애저 등이 포함된다.

애저는 2010년 초에 세계시장에서 서비스가 시작된 이래 기업에 보급되어 IT 기반으로 널리 쓰이게 되었다. 10년 가까이 지난 지금도 애저를 축으로 한 클라우드 서비스는 40% 전후의 성장률을 기록하고 있다.

이유 ② 기업 문화의 변혁

무척 평가하기 힘든 항목이지만 이것이 마이크로소프트의 평가를 높인 이유임은 틀림없다. 어차피 PC 시장의 OS에서는 타 기업을 압도하는 시장점유율을 차지하고 있는 기업이다. 그러니 타사와 협업하면서 나오는 효과는 측정하기 어려울 정도로 클 것이다.

물론 마이크로소프트는 스마트폰 시대에 적응하는 데 실패했지만 투자자는 Next 스마트폰 시대를 예상했을 경우 거기에 마이크로소프트가 있을 것이라고 확신했기 때문에 시장가치가 올랐다고 생각할 수 있다.

그리고 다음 의문이다.

- 앞으로도 SaaS는 성장할까?

이 의문은 어떻게 생각해야 할까? 이런 클라우드 소프트가 성장 드라이브가 되는가 묻는다면 아직 확실히 그렇다고 말하기 어려운 것이 현재 상황이다. 그 이유는 클라우드 서비스 사업은 그 성질상 비용이 드는 비즈니스이므로 이익률이 낮아지지 않을까 우려가 되기 때문이다. 개발에 비용이 들고 운용하는 데도 데이터센터를 유지하느라 비용이 들며 데이터센터를 갱신할 때도 추가 비용이 든다.

그러나 클라우드 사업이 없어진다는 뜻은 아니다. 마이크로소프트의 제품 라인업 중에서 클라우드 외의 제품(예를 들어 예전부터 존재했던 소프트웨어)은 높은 이익률을 갖고 있으며 클라우드 비즈니스를 받쳐주기 위해 빼놓을 수 없는 비즈니스다. 즉 클라우드 비즈니스가 성장하느냐 아니냐는 기존 소프트웨어의 안정적 성장과 깊이 연관되어 있다.

마이크로소프트의 특징 ⑤

상승하는 순이익과 FCF

→ 현금흐름표

그러면 다음 가설을 검증해보겠다.

- 현금을 많이 보유하고 있을 것 같아

마이크로소프트의 영업활동현금흐름과 잉여현금흐름, 순이익

참조 : 마이크로소프트의 재무제표 자료 〈10K〉를 근거로 저자가 작성

　실제로 현금흐름표를 보면서 영업활동현금흐름과 잉여현금흐름FCF 그리고 순이익을 2006년부터 살펴보자.

　이것을 보면 순이익이 증가하고 있는 동시에 영업활동현금흐름도 증가한다는 것을 알 수 있다. 잉여현금흐름도 현재까지 증가하는 경향을 보인다.

　이를 통해 마이크로소프트가 적극적으로 투자함으로써 투자활동현금을 계상해왔다는 것을 알 수 있다.

인수 공세

→ 현금흐름표 + α

마지막으로 다음 의문을 분석해보자.

● 많은 기업을 인수했겠지?

마이크로소프트가 부활할 수 있었던 것은 경쟁사와도 협업하는 기업 문화로 변화했기 때문이다. 또한 다양성Diversity을 생각하면서 인수 공세를 펼친 것이 지금의 강력함으로 이어졌을지도 모른다.

다음은 2019년 말까지 마이크로소프트가 인수한 주요 기업이다.

● Skype(2011년) 85억 달러

● NOKIA(2013년) 54억 달러

● LinkedIn(2016년) 262억 달러

● Github(2018년) 75억 달러

수많은 기업을 인수했지만 그중 지금까지도 인수 효과가 있는 것은 링크드인LinkedIn과 깃허브Github라고 볼 수 있다. 예를 들어 링크드인은 인수했을 때는 영업적자가 이어졌지만 서서히 적자폭이 감소했으며, 개별 매출에서도 2018년과 비교하면 2019년에는 28% 상승했다. 깃허브는 매출 등의 평가를 공표하지는 않았지만 오픈소스 플랫폼에 수많은 개발자들이 모여 있고 현재 4,000만 명 가까이 증가하고 있다(《니혼게이자이신문》 전자판, 2019년 12월 7일). 사람 수가 늘어나면 기업과 팀에서 사용하고 싶은 니즈도 증가하므로 매출이 상당히 늘었으리라 추정된다.

이렇게 높은 평가를 받는 인수가 있었던 반면에 스카이프는 메신저나 라인 등의 대체 앱이 나타나면서 스마트폰 대응이 늦어졌기 때문에 더는 성장하지 못했다.

'인수'는 인수 자체가 주목을 끌기 마련이지만 가장 중요한 것은 인수한 뒤 두 기업을 얼마나 통합시킬 수 있는지가 관건이다. 인수 작업 중에 부작용이 일어나는 경우가 상당히 많으면 많은 돈을 쏟아붓고도 실패할 수 있기 때문에 인수를 도중에 단념하는 경우도 적지 않다.

8장

Next GAFA 2
넷플릭스

GAFA에 대항할 수 있는 〈Next GAFA〉 중에 가장 강력한 기업은 마이크로소프트다. 마이크로소프트는 2020년 1월 기준으로 시가총액이 1조 달러가 넘는 슈퍼 메가테크 기업이기 때문이다. GAFA의 창업 연수와 비교하면 마이크로소프트는 중견기업이라 할 수 있지만 여전히 꺾일 줄 모르는 기세로 달려가고 있다. 창업 45년이 지난 이 회사가 왜 새삼스럽게 스포트라이트를 받고 있는 것일까? 재무제표를 보면서 그 의문을 풀어보자.

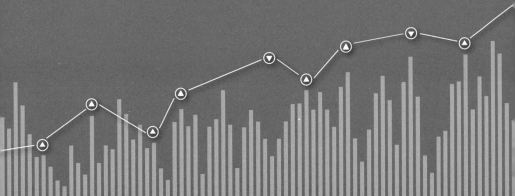

넷플릭스

넷플릭스Netflix의 비즈니스와 역사에 관해 알아보자. 넷플릭스는 원래 DVD 재택 렌탈 서비스 사업에서 출발했다. 그리고 20세기가 끝나갈 무렵 인터넷이 보급되기 시작하자 넷플릭스는 대담한 사업 전환을 꾀했다. 그것이 인터넷을 이용한 **영상 스트리밍**Streaming 모델이었다.

한 세대 전의 미디어는 TV가 중심이었다. TV는 시청자에게 수동적인 매체였고 TV 제작자가 만든 것을 일방적으로 보는 것에 지나지 않았다. 만약 자신이 원하는 시간에 원하는 콘텐츠를 보기 위해서는 렌탈 비디오 또는 DVD를 빌려 오는 것이 일반적이었다.

그런데 시대가 변하고 인터넷이 보급되면서 개인들이 관심 있는 콘텐츠를 자신이 원하는 시간에 즐길 수 있게 되었다.

넷플릭스의 10K Item I Business-About us를 보면 다음과 같이 영상 스트리밍 서비스에 관해 소개하고 있다.

Members can watch as much as they want, anytime, anywhere, on any internet-connected screen. Members can play, pause and resume watching, all without commercials or commitments. (넷플릭스의 회원은 인터넷으로 연결된 스크린에서 언제 어디서든 보고 싶을 때 얼마든지 볼 수 있다. 광고 제한 없이 재생, 일시 정지, 재생을 반복할 수도 있다.)

영상 비즈니스의 흐름은 다른 기업에도 영향을 미쳤다. 예를 들어 애플이나 아마존도 'Apple TV+', '아마존 프라임 비디오'와 같은 영상 스트리밍 서비스를 출시했다. 또 디즈니도 'Disney+'를 통해 영상 스트리밍 사업에 뛰어들었다.

넷플릭스의 경쟁자를 굳이 꼽아본다면 디즈니가 되겠다. 디즈니는 영상 스트리밍에 관해서는 마지막까지 주저했지만 2019년 21세기 폭스를 713억 달러에 매수하면서 본격적으로 영상 스트리밍 사업을 시작했다.

287쪽 그래프는 두 기업의 주가를 비교한 것이다.

처음에는 디즈니의 주가가 높지만 2016년부터 넷플릭스가 단숨에 디즈니를 제쳤다. 넷플릭스는 상장 이후 15년 만에 주가가 약 400배로 뛰어올랐을 때도 있었다. 그리고 2017년 이후부터는 급상승했음을 알 수 있다.

참조 : 넷플릭스와 디즈니의 과거 데이터(Yahoo! Finance)를 근거로 저자가 작성

그 이유는 이 시기 해외(미국 외) 실적이 적자에서 흑자로 전환된 것과 해외 계약자가 시장 예상을 훨씬 뛰어넘었던 것에서 기인했다고 생각할 수 있다. 물론 아무것도 하지 않고 계약자가 늘어난 것은 아니다. 뒤에 재무제표를 분석할 때도 소개하겠지만 넷플릭스는 콘텐츠에 상당한 비용을 투자했고 타국 기업과의 제휴를 통해 비즈니스를 확장했다. 참고로 일본에서는 2015년부터 소프트뱅크와 제휴하고 있다.

넷플릭스처럼 콘텐츠 스트리밍을 하는 기업은 세계적으로도 증가하는 추세이며 일본 내에서도 많은 기업이 이 분야에 진출하고 있다. 288쪽 표는 대표적인 콘텐츠 스트리밍 기업과 그 특징을 나타낸 것이다. 일본 국내 서비스는 넷플릭스처럼 전 방향의 전략을 취하기보다 콘텐츠를 선별해서 제공하는 경향이 강하다.

콘텐츠 스트리밍 기업의 특징

넷플릭스	아마존 프라임 비디오	일본 국내
• 190개국 스트리밍 • 전 세계 동시 스트리밍 • 해외 이용자가 많다	• 전략적으로 그 나라 취향에 맞는 콘텐츠를 스트리밍. 월드와이드에 맞춘 것은 아니다 • 일본에는 버라이어티 분야가 많다 • 일본에서 압도적으로 점유율이 높다	티버TVer 갸오GYAO! FOD(후지 드라마 등) dTV 다존DAZN (스포츠 방송) 유넥스트U·NEXT (버라이어티) 아베마Abema
디즈니 플러스	애플 TV 플러스	
• 5개국 스트리밍 • 콘텐츠는 향후 증가할 예정 • 디즈니라는 틀에 한정되므로 다양성은 없다 • 다만 강력한 팬이 많다	• 양질의 오리지널 콘텐츠가 풍부하다 • 콘텐츠 수가 적다	

참조 : 각 기업의 웹사이트를 근거로 저자가 작성(2020년 1월 말 기준)

넷플릭스의
이익 구조와 실적

- 가설을 세우다 -

다음은 넷플릭스에 대한 가설이나 의문을 열거해보자.

> 넷플릭스
> - 매출과 이익은 어느 정도일까?
> - 미국과 다른 국가의 회원 수 비율은?
> - 미국과 해외의 매출 비율은?
> - ARPU(이용자 1인당 평균 매출)의 추이는?
> - 시청 시간은 실적에 영향을 줄까?
> - 콘텐츠를 구매하는 것 같은데 자금 조달은 어떻게 하지?

ARPU는 광고 비즈니스에서 이미 설명했다. 실은 넷플릭스와 같은 영상 스트리밍 모델도 다음 식으로 수익을 계산할 수 있다.

> **매출액 = 유료회원 수**Paid memberships × **ARPU**

월 회원의 경우 '유료 회원이 몇 명 있고', '평균 어느 정도 돈을 쓸까?'가 넷플릭스의 실적을 좌우한다.

이 책에서는 넷플릭스의 경쟁사를 디즈니 플러스로 설정했다. 아마존 프라임 비디오나 애플 TV 플러스 등도 있지만 각각 원래 서비스(아마존은 아마존 프라임, 애플은 아이폰 신규 구입으로 시청 가능)와 세트로 제공하기 때문에 순수한 미디어 사업의 실적을 재무제표로 확인하는 것이 어렵기 때문이다.

두 기업의 주요 재무제표 수치를 비교해보면 본업의 실적을 나타내는 영업이익률과 자기자본비율은 디즈니가 넷플릭스의 두 배 가까이 된다는 것을 알 수 있다.

이것만 보면 넷플릭스의 어디를 보고 투자자가 매력을 느끼는지 더욱 흥미가 솟을 것이다.

그 요인을 찾기 위해 넷플릭스의 재무제표를 분석해보자.

넷플릭스와 디즈니의 주요 재무제표 수치

	넷플릭스	디즈니
매출액(100만 달러)	15,790	59,430
영업이익률	10.16%	24.96%
ROE	27.46%	27.97%
연구개발비(100만 달러)	1,220	NA
자기자본비율	20.8%	53.6%

참조 : 2018년 두 기업의 재무제표 자료를 근거로 저자가 작성

넷플릭스의
재무제표

넷플릭스의 특징 ①

상승하는 매출과 이익

→ 손익계산서

다음 의문에 관해 검토해보자.

● 매출과 이익은 어느 정도일까?

먼저 넷플릭스의 기세를 보기 위해 매출과 이익 추이를 보자. 2015년에 한 번 실적이 떨어졌지만 그 뒤에는 V자 회복을 했다. 그 뒤 3년간 매출은 약 2.5배, 순이익도 약 10배에 달하는 엄청난 실적

참조 : 넷플릭스의 재무제표 자료를 근거로 저자가 작성

상승을 보였다.

넷플릭스의 특징 ②

회원 수는 세계 제일

→ Part II Item7

다음 의문에 관해서도 검토해보자.

● 미국과 다른 국가의 회원 수 비율은?
● 미국과 해외의 매출은 어느 정도 비율일까?

매출 데이터를 인수분해해보자. 3가지 재무제표를 좀 더 상세하게 설명하는 MD&AManagement's Discussion and Analysis of Financial Condition and Results of Operations에서 정보를 확인한다.

먼저 회원 수를 보자. 무료 시청자는 제외하고 유료 시청자(유료회원 수paid membership)에 관해 알아보자.

아래 그래프는 그 추이를 나타낸 것이다.

넷플릭스는 2010년 9월부터 캐나다를 시작으로 해외 진출을 꾀했다. 그때까지는 미국 내에서의 매출이 중심이었지만 서서히 인터내셔널(이후 '미국 외') 점유율이 커졌고 2017년에는 미국 국내의 유료회원 수를 넘어섰다.

여기 소개한 데이터는 2018년까지의 자료지만 2019년 말 회원 수는 미국 국내에서 6,100만 명, 미국 외는 1억 600만 명, 모두 합쳐 약 1억 6,700만 명으로 세계 최대 규모의 서비스로 성장했다.

넷플릭스 유료회원 수

(100만 명)

	2011	2012	2013	2014	2015	2016	2017	2018
미국 외	1.8	6.1	10.9	18.2	30.0	41.2	57.8	80.8
미국	21.7	27.1	33.4	39.1	44.7	47.9	52.8	58.5

참조 : 넷플릭스의 재무제표 〈10K〉를 근거로 저자가 작성

넷플릭스 미국과 미국 외 매출 추이

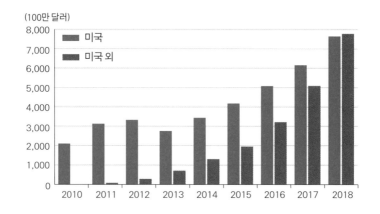

(100만 달러)

참조 : 넷플릭스의 재무제표 〈10K〉를 근거로 저자가 작성

위의 그래프를 보면 2010년 글로벌 진출 이후 2018년도까지 미국 외 매출이 약 90배로 증가했다는 것을 확인할 수 있다.

미국 내 회원 수는 정체 추세지만 넷플릭스는 미국 외에서도 시장 점유율을 확보하고 있다. 안타깝게도 그 내역은 공표되지 않았지만 앞으로도 미국 외 시장 확보에 힘쓸 거라는 사실은 확실하다.

다만 세계 제일의 회원 수를 보유한 넷플릭스도 일본 시장에서는 다소 고전을 면치 못하고 있다.

예를 들어

'영상 스트리밍으로 어떤 서비스를 이용하고 있습니까?'

라는 질문에 일본에서는 넷플릭스보다 아마존 프라임 비디오를 본다고 답하는 사람이 훨씬 많을 것이다.

295쪽 그래프는 닐슨이 2019년 12월에 실시한 조사 내용이다.

일본의 아마존 프라임 비디오 회원 수는 500만 명을 넘는다. 일본 최대 규모다. 이유는 아마존 프라임 비디오는 일본 오리지널 작품을 풍부하게 보유하고 있다는 점과 아마존 프라임 특전의 일부 서비스이기 때문에 영상 스트리밍 서비스만 가입하는 것보다 저렴하다고 느낀다는 점을 생각할 수 있다. 그 결과 아마존을 이용하는 사람이 더 많은 것이다.

일본 문화 분위기상 '미디어나 영상 서비스에 매달 결제'하는 것은 별로 일반적이지 않기 때문에 아무래도 무료인 지상파나 유료 BS 정도에 머무는 듯하다. 콘텐츠보다는 '저렴한 가격'에 끌리는 것이다.

그런 어려운 시장에서 어떤 전략을 세워서 싸울 것인가. 이것이 넷플릭스에게 큰 과제일 테지만 2019년 9월 일본 가입자 수가 300만 명을 넘었다는 발표가 나왔다. 이는 넷플릭스가 서서히 일본에서 받아들여지고 있음을 나타낸다. 그들은 일본의 미디어 비즈니스에 상업적인 기회가 있다고 생각했을지도 모른다.

18세 이상 남녀별 유료 스트리밍 서비스 이용 시간 점유율 (2019년 12월)

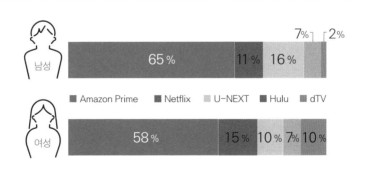

출처: 닐슨 모바일 넷뷰

증가하는 고객 단가와 시청 시간

→ 10Q(4분기 보고서)

다음 의문을 생각해보자.

- ARPU의 추이는?
- 시청 시간은 실적에 영향을 줄까?

ARPUAverage Revenue Per User의 추이에 관해 297쪽 그래프로 확인해보자.

당연히 넷플릭스의 실적에는 객단가인 ARPU가 중요하다. 이 그래프에서 알 수 있는 것은 미국 내 쪽이 단가가 높지만 미국 외에서는 정체되어 있다는 것이다.

다만 특징 ②에서도 말했듯이 미국 외 지역의 회원 수가 늘고 있기 때문에 매출이 지속적으로 성장하고 있다고 생각할 수 있다.

다음 의문, 시청 시간Screen time의 길이는 이용자가 넷플릭스에서 머무는 시간과 같다고 생각할 수 있다. 체재 시간이 길면 그만큼 열중하는 시간도 길어진다는 것을 의미한다. 넷플릭스는 이 시청 시간이 중요하다.

다음은 넷플릭스의 3분기 10Q에서 발췌한 것이다.

We compete broadly for entertainment time. This means there

넷플릭스의 ARPU 추이

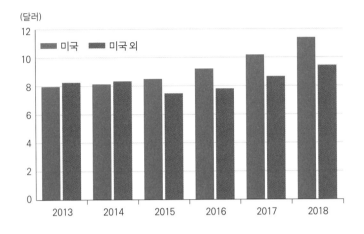

(달러)

■ 미국 ■ 미국 외

참조 : 넷플릭스의 재무제표 〈10K〉를 근거로 저자가 작성

are many competitive activities to Netflix(from watching linear TV to playing video games, for example). But there is also a very large market opportunity; today we believe we're less than 10% of TV screen time in the US (our most mature market) and much less than that in mobile screen time.(넷플릭스는 엔터테인먼트 시간을 두고 폭넓은 싸움을 벌이고 있다. 이는 넷플릭스의 경쟁 사업이 TV나 비디오 게임 등 다방면에 걸쳐 있다는 것을 의미한다. 그러나 동시에 이는 시장에 대단히 큰 기회가 있음을 의미한다. 현재 우리 서비스는 (성숙 시장인) 미국 국내의 시청 시간 중 10%에도 미치지 못하는 상황이며 모바일 시장도 그 이하라는 것을 알 수 있다.)

이 글을 읽으면 미국에서의 TV 시청 시간이 전체의 10% 이하에 불과하다고 추정된다(스마트폰으로 넷플릭스를 시청하는 사람은 더 적다). 이것은 얼핏 적어 보이는 수치지만 넷플릭스에서는 반대로 증가할 가능성이 있는 시장이라고 해석하는 것이다.

조금 오래된 일이지만 2018년 4분기 결산 보고에서 넷플릭스는 '미국의 TV 시청 시간은 1일당 약 10억 시간'이라고 추계했다. 이 계산은 1.2억 세대가 2대의 TV로 4시간씩 시청하고 거기에 호텔이나 바, 기타 시청 등을 추가해서 구한 시간이다.

이 시청 시간이 앞으로 증가한다면 TV 대신 콘텐츠 스트리밍 서비스로서 큰 성장을 기대할 수 있는 것은 아닐까.

넷플릭스의 특징 ④

자금 조달의 변화와 콘텐츠의 폭탄 매입

→ 현금흐름표, 재무상태표

다음의 의문에 관해 검토하자.

● 콘텐츠를 구매하는 것 같은데 자금 조달은 어떻게 할까?

이 의문에 답하기 전에 넷플릭스의 영업활동현금흐름과 재무활동현금흐름FCF, 순이익의 특징을 살펴보자.

현금흐름표CFS라면 이른바 자신이 보유한 예금통장의 잔액이다.

그리고 순이익은 일한 대가라고 해석할 수 있다. 즉 일반적으로는 이익이 나면 그만큼 예금통장의 잔고가 증가할 것이다.

그러나 넷플릭스의 경우 2014년을 경계로 두 가지에서 괴리를 보이고 있다(아래 그래프). 왜 순이익과 재무활동현금흐름이 일치하지 않는 것일까? 그 이유를 넷플릭스 웹페이지의 Q&A를 통해 살펴보자.

Why is there a gap between net income and free cash flow? Cash payments for originals are weighted more upfront (relative to P&L) so the percentage of overall global content cash payments spent on originals will be higher than the percentage of P&L expense attributable to originals. In the case of content

넷플릭스의 순이익과 현금흐름

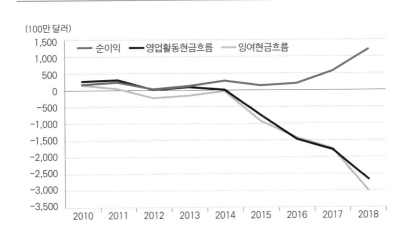

(100만 달러)

참조 : 넷플릭스의 재무제표 〈10K〉를 근거로 저자가 작성

that we produce, we fund the production cost during the
content creation process prior to the completion and release of
the title and when amortization begins. These timing differences
result in free cash flow being lower than net income currently.

(왜 순이익과 잉여현금흐름FCF에 차이가 있을까? 오리지널 작품에 대한
현금 지급은 손익계산서보다 먼저 발생한다. 그러므로 오리지널 콘텐츠
(자산)에 들이는 글로벌 베이스의 현금지급 비율은 손익계산서의 오리지
널 제작 비용 비율보다 높아지게 된다. 우리는 콘텐츠를 만들 때 콘텐츠
제작 및 제목 발표, 감가상각을 시작하기보다 먼저 제작 비용을 계산한
다. 그런 시점의 어긋남이 최근 잉여현금흐름이 순이익보다 낮아지는 결
과로 드러난다.)

이러한 콘텐츠(자산)를 확인하기 위해 현금흐름표를 살펴보자.

넷플릭스의 현금흐름표 (웹페이지)

	Year Ended December 31.		
	2018	2017	2016
Cash flows from operating activities:			
Net income	$ 1,211,242	$ 558,929	$ 186,678
Adjustments to reconcile net income to net cash used in operating activities:			
Additions to streaming content assets	(13,043,437)	(9,805,763)	(8,653,286)
Change in streaming content liabilities	999,880	900,006	1,772,650

영업활동현금흐름을 보면 'Additions to streaming content assets
스트리밍 영상 콘텐츠 자산의 증가'가 넷플릭스에서의 콘텐츠 자산이 된다. 그
리고 이 콘텐츠를 단기간에 상각하는 것이다.

넷플릭스는 오리지널 콘텐츠 제작에 거액의 투자를 하고 있으며
그것이 가입자 증가로 이어지고 있다. 그들이 생각하는 이 비즈니스

에는 거대한 상업적 기회가 있으며 가능한 한 신속하게 공략해야 한다는 생각이 이를 통해 드러난다.

그렇다 해도 콘텐츠 제작 비용은 막대하게 든다. 대체 어떤 방법으로 자금을 조달하는 것일까? 넷플릭스의 재무상태표를 보면서 분석해보자.

다음은 넷플릭스의 재무상태표다. 전년이 아닌 5년 전의 재무상태표를 비교 대상으로 했다.

이것을 직감적으로 알기 쉽게 이미지(303쪽)로 녹였다. 각 재무상태표의 수치는 비율(%)로 생각하기 바란다.

그림을 보충 설명하자면 5년 전에 비해 총자산이 5배나 증가했다.

넷플릭스의 재무상태표

(100만 달러)		2013.12.31.	2018.12.31.
자산			
	유동자산 :		
유동 자산	현금 및 현금성자산	605	3,794
	유동콘텐츠자산	**1,706**	**5,151**
	기타유동자산	747	748
	유동자산 총계	3,058	9,694
	비유동자산 :		
비유동 자산	비유동콘텐츠자산	**2,091**	**14,961**
	유형자산	134	418
	기타 비유동장기자산	129	901
	비유동자산 총계	2,354	16,280
자산 총계		5,412	25,974

부채 및 자본			
유동부채	유동부채 :		
	유동콘텐츠부채	**1,776**	**4,686**
	매입채무	108	563
	미지급비용	54	477
	선수금	216	761
	유동부채 총계	2,154	6,487
비유동부채	비유동부채 :		
	비유동콘텐츠부채	1,346	3,759
	장기 회사채	**500**	**10,360**
	기타 비유동부채	79	129
	비유동부채 총계	1,925	14,248
부채 총계		4,079	20,736
자기자본	자기자본 :		
	보통주, 주주납입잉여금	777	2,316
	내부유보	552	2,942
	기타포괄손익 누계액	4	−20
	자기자본 총계	1,333	5,239
부채 및 자본 총계		5,412	25,974

참조 : 넷플릭스의 재무제표 〈10K〉를 근거로 저자가 작성

이 그림을 보면 콘텐츠 자산의 총자산에 대한 비율은 크게 달라지지 않았지만 서서히 부채를 늘리고 그 부채를 콘텐츠 구입에 할당하고 있다고 추정된다.

현재는 세계적인 수준에서 넷플릭스가 왕자의 자리에 가까워졌지만 경쟁이 심화되면 그 지위가 흔들릴 수도 있다.

넷플릭스의 재무상태표 비교(%)

2013년   2018년

기타 자산
23

콘텐츠 부채
33

콘텐츠 자산
77

부채
40

기타 7

자본
20

기타 자산
30

콘텐츠 부채
58

콘텐츠 자산
70

부채 9
기타 8
자본 25

참조 : 넷플릭스의 재무제표 〈10K〉를 근거로 저자가 작성

　넷플릭스는 현재의 지위를 공고히 하기 위해서 콘텐츠를 대량으로 구입하고 있다. 그 신속함으로 시장 점유율도 높이고 있다는 것을 이 재무상태표에서 읽어낼 수 있다.

재무제표를 구하는 방법

요약 재무제표

여기에서는 기업의 재무제표를 입수하는 방법을 설명한다. 영어를 잘하지 못해도 쉽게 얻을 수 있기 때문에 걱정하지 않아도 된다. 주요 재무제표와 기업 실적만 나오는 요약판과 더욱 깊게 분석하고 싶은 사람들을 위한 재무제표 관련 데이터가 게재된 공식판을 소개하겠다.

해외 기업의 요약 재무제표를 입수할 수 있는 사이트는 금융정보 사이트인 Morningstar모닝스타다.

모닝스타를 이용해 재무제표를 입수하려면 다음 4단계를 실행하자. 여기에서는 애플의 재무제표를 입수하는 것을 예로 들겠다.

1단계 :

검색 엔진에서 'morningstar'라고 입력한다.

2단계 :

사이트 가장 왼쪽 위에 있는 검색란에 영어로 'apple'이라고 입력한다. 그러면 몇 가지 후보가 표시되는데 가장 위의 Apple inc를 선택한다.

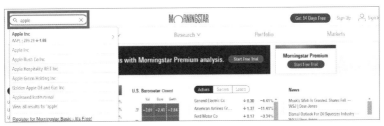

참조 : Morningstar 웹사이트

3단계 :

아래와 같은 화면이 나올 것이다. 'Financials'를 선택한다.

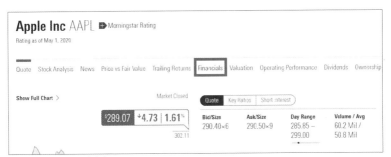

참조 : Morningstar 웹사이트

4단계 :

다음과 같이 재무제표의 개요가 표시된다. 각각의 탭을 클릭하면 재무상태표BS, 손익계산서PL, 현금흐름표CFS를 자유롭게 열람할 수 있다.

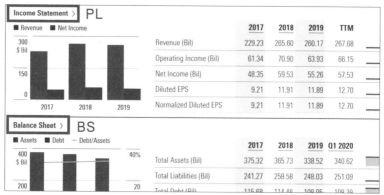

참조 : Morningstar 웹사이트

　　엑셀 파일을 다운로드할 때는 'Export to Excel'을 클릭하면 재무
제표를 받을 수 있다. 다만 파일이 엑셀인 경우와 CSV인 경우가 있
으므로 데이터 편집이 필요하면 엑셀로 저장하자.

참조 : Morningstar 웹사이트

　　저장할 때는 나중에 파일 내용을 식별하지 못하는 경우가 많으
므로 파일명을 〈기업명_20XX_10K〉라는 식으로 이름을 바꿔 저장

하자. 10K뿐 아니라 10Q나 결산 설명을 구별하는 데 도움이 될 것이다.

다음은 Moriningstar를 이용하는 순서를 정리했다.

---

① 검색 사이트에서 Moriningstar 사이트에 접속한다.

② 왼쪽 검색 바에 '기업명'을 입력한다.

③ 화면 중앙에 있는 'Financials'이라는 탭을 클릭한다.

④ 과거 3년분의 재무상태표와 손익계산서, 현금흐름표의 요약판이 표시된다. 각 파일을 열어서 'Download'를 클릭한다.

그 밖에 편리한 기능에 기업의 실적(ROE나 매출총이익률 등)을 알고 싶으면 ③에서 'Operating Performance'를 선택하면 된다. 과거 5년간의 재무지표를 열람할 수 있다.

정식 재무제표

영어를 잘하지 못해도 구할 수 있는 요약판 재무제표를 입수하는 방법에 대해 알아보았다. 요약 재무제표를 읽고 더 깊이 내용을 알고 싶을 때도 있을 것이다. 예를 들어 '제품별 매출'이나 '지역별 매출' 등을 파악하고 싶다면 해당 기업의 홈페이지에서 정식 재무제표 Financial Statements를 입수하면 된다.

이는 다음 3단계 순으로 입수할 수 있다.

1단계 :

먼저 검색 사이트에서 '기업명, IR'이라고 입력한다.

검색 결과에 Investor Relations이나 Annual report가 나올 것이다.

IR이란 Investor Relations의 약칭이며 기업이 투자자들에게 재무제표SEC filings 또는 Annual reports 정보를 제공하는 활동이다. 재무제표 자료 게재도 그 일환이라 할 수 있다. 또 적극적인 IR 활동을 하는 기업은 결산 설명회의 음성 파일이나 동영상도 공개하고 있기 때문에 영문을 읽는 게 힘든 사람이나 읽기 싫을 때의 영어 공부에도 도움이 된다.

2단계 :

기업의 웹사이트에 가면 연도별 SEC filings 또는 Annual reports 가 나와 있다. 애플의 웹페이지의 경우 다음과 같은 페이지가 가장 먼저 나온다.

참조 : 애플의 웹사이트

이 페이지를 아래로 스크롤하면 데이터 리스트가 표시된다.

참조 : 애플의 웹사이트

3단계 :

다만 IR 중에는 여러 종류의 재무제표가 기재되어 있어 익숙하지 않은 사람은 무엇을 다운로드해야 할지 모를 수도 있다. 대기업의 경우 제출 서류가 무척 많기 때문이다.

그럴 때는 다음 표를 참고하도록 하자.

기업경영 내용 개시

국내	해외(미국)	내용
재무제표	Form 10K	연 1회 결산기에 제출하는 보고서
(반기보고서)		분기별 보고서를 제출하면 제출 의무 없음
분기별보고서	Form 10Q	1Q, 2Q, 3Q에 제출하는 보고서
임시보고서	Form 8K	중요한 일이 발생했을 때 내는 보고서
재무제표	Form 20F	해외기업의 유가증권보고서 US에 상장한 해외기업이 제출
	Proxy Statement	주주총회소집통지서
대량보유보고서	Schedule 13D	5% 이상 보유한 주주의 보고

참조 : 졸저《외자계 금융의 영어》

주식회사의 경우 회계 기간Accounting period에 Form 10K(재무제표)를 공시한다. 또 Form 10Q(분기별 보고서)를 분기별로 제출Filing한다. 분석을 위해 필요한 것은 이 두 가지와 IR 자료다. 그리고 외국기업은 Form 20F라는 서류를 제출해야 한다.

또 연간보고서Annual Report는 재무제표와 동일한 것이 아니다. Form 10K는 SEC(미국증권거래위원회)로부터 제출할 의무가 규정되어 있지만, 연간보고서는 작성할 의무가 없기 때문이다. 기업 웹사이트에 가면 정식 재무제표에도 'Annual Report'라고 기재되어 있는데 이는 기업의 결산 정보에 더해 투자자를 위해 만든 경영자의 비전과 전략 등 기업의 개성을 알 수 있는 자료라고 이해해두자. 투자의 귀재인 워런 버핏도 연간보고서를 읽고 기업 분석을 한다고 한다.

앞서가는 투자자를 위한
GAFA의 재무제표 클래스

초판 1쇄 발행 2021년 5월 3일

지은이 사이토 히로시
옮긴이 오시연
펴낸이 성의현
펴낸곳 (주)미래의창

출판 신고 2019년 10월 28일 제2019-000291호
주소 서울시 마포구 잔다리로 62-1 미래의창빌딩(서교동 376-15, 5층)
전화 070-8693-1719 **팩스** 0507-1301-1585
이메일 mbookjoa@naver.com
ISBN 979-11-91464-10-8 03320